读客中国史入门文库

顺着文库编号读历史，中国史来龙去脉无比清晰！

图1　武则天真容像　四川广元皇泽寺藏

图2　洛阳龙门石窟摩崖三佛龛

盛唐到底盛在哪儿

于赓哲 著

江苏凤凰文艺出版社
JIANGSU PHOENIX LITERATURE AND
ART PUBLISHING

图书在版编目（CIP）数据

盛唐到底盛在哪儿 / 于赓哲著 . -- 南京 : 江苏凤
凰文艺出版社 , 2023.9
ISBN 978-7-5594-7917-4

Ⅰ . ①盛… Ⅱ . ①于… Ⅲ . ①中国历史 – 唐代 – 通俗
读物 Ⅳ . ① K242.09

中国国家版本馆 CIP 数据核字 (2023) 第 150421 号

盛唐到底盛在哪儿

于赓哲　著

责任编辑	丁小卉
特约编辑	王晨睿　　王霁钰　　丁　虹　　李文结
封面设计	王　晓　　余展鹏
插画设计	王　晓　　余展鹏
责任印制	刘　巍
出版发行	江苏凤凰文艺出版社
	南京市中央路 165 号，邮编：210009
网　　址	http://www.jswenyi.com
印　　刷	三河市龙大印装有限公司
开　　本	880 毫米 × 1230 毫米　1/32
印　　张	6.25
字　　数	114 千字
版　　次	2023 年 9 月第 1 版
印　　次	2023 年 9 月第 1 次印刷
标准书号	ISBN 978-7-5594-7917-4
定　　价	39.90 元

曌	恿	匪	囜	囸
照	臣	月	日	星
𡎊	丙	埊	击	圀
人	天	地	正	国

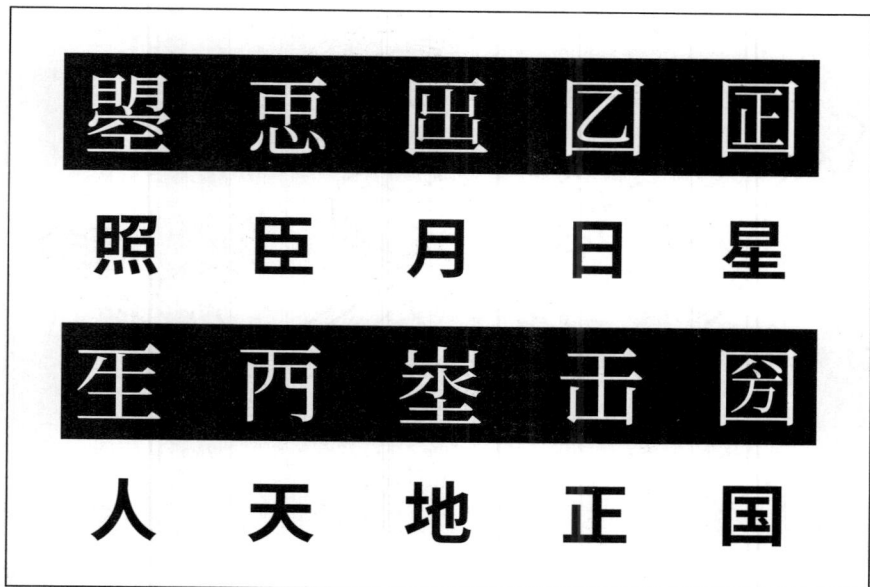

图3　武则天创造的十个字

图4　唐草纹

图5　鸟衔花草纹

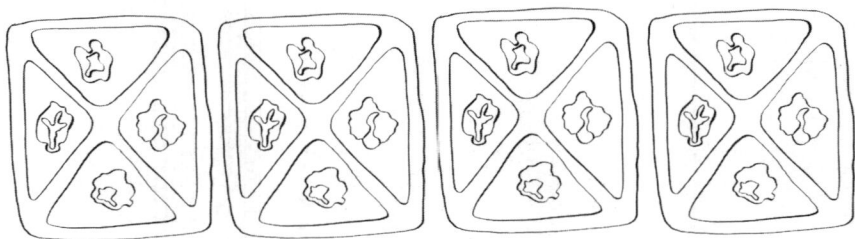

图6　几何图纹

图7　葡萄纹

图8　宝相花纹

遇见中国历史的青春期

大约二十年前，各大历史博物馆基本上可以用"门可罗雀"来形容。但是最近这些年要换词了：博物馆必须用"门庭若市"来形容，到了假期更是"水泄不通"。

要知道，人在衣食无忧之后，一定会思索"我是谁，我从哪里来"的问题，而历史学正好可以给人提供问题的答案。

在我国的历史爱好者当中，隋唐史的爱好者人数众多。的确，隋唐时代有着极高的魅力值，这也是本书要讲唐朝的动力来源。

唐朝的文化为什么让我们魂牵梦萦？因为它有一种令现代人感到心气相通的气质。它开放包容，恣意张扬，也不压抑人的个性。就连在中国历史上屡受欺压的女性，在唐代也能找到自己发挥的舞台。

而且，唐人有着超强的文化自信。他们对外来事物有一种"拿来主义"的精神，有一种舍我其谁的气魄，所以他们的文化海纳百川，包罗万象。

唐人与今人的心气相通还有一个突出的体现，那就是他们不屑于进行道德说教。他们在文学作品当中，真实地展现自己的喜怒哀乐、快意恩仇，甚至连情爱也可以毫无保留地表达。这让我们感到无比地亲切。

唐朝历史上名人辈出，而正是因为唐朝人具有那种特殊的气质，所以这些名人个个性格鲜明，事迹令人难忘。

在本书中，我们会谈到唐朝历史的性质、唐代的民族关系、唐人眼中的外部世界、外国人对唐朝的看法、丝绸之路对唐人日常生活的影响，还会谈到唐代众多女性的风采、唐代的婚姻观和贞操观、唐代的那些黑科技，以及唐代的科举与文学。

在网上流行的关于历史的诸多说法当中，有的是真知灼见，甚至对于我这样专业的历史学工作者来说都颇有启发性，但有的则是毫无根据的传言。在本书中，我们将选择其中一些具有代表性的传言加以分析，以帮助大家认知一个真正的唐朝。

欢迎大家一起走进中国历史的青春期——唐朝，去感受它的热情和美。

目 录

第一章

大国气象：唐朝为何有开放包容的气质？

谈及盛唐，我们自然会想到一种开放包容的气质。正如鲁迅先生写过的"拿来主义"，那种开放包容、海纳百川的气质，是真正的"文化自信"，也是唐朝跟其他朝代不一样的特质。那么，这个气质是从何而来的呢？

其实，我们中国所处的地理环境，特别容易形成一种封闭的形态——北边是广袤的草原，东边是浩瀚的大海，南边不仅有大海，还有热带丛林和令古人谈之色变的瘴气。至于西南边，则有云贵高原、青藏高原，只有一条能够顺利到达中亚、西亚的交通干道，就是我们后来所说的丝绸之路。也就是说，如果我们没有开放包容的心态，不主动地对外去寻求往来，就很容易陷入闭关锁国的状态。

更何况，我们中国自古以来就是一个以农业民族为主的国家，而农业民族天然地具有封闭性。自给自足的小农经济，使得农业民族不像游牧民族那样具有那么大的流动性，而是往往长期定居于某地；也不像商业民族，对于各地原材料的输入、产品的行销等方面有着强烈的需求，所以农业民族更容易闭关锁国。不过值得欣慰的是，纵观这几千年的历史，除了少部分时间（比如明朝和清朝）外，我们中国都怀有一种开放包容的心态。尤其是在唐代，这样的开放包容达到了一个巅峰——这与唐人那种多元文化的混合气质密切相关，与他们永不停止的好奇心密切相关，也与他们渴望获得更美好的物品、更先进的技术的内在心理需求密切相关。总之，唐人的开放包容，在我们看来，是中华民族的幸运点。

文明因交流而更加文明。闭关锁国带来的恶果，我们在清代就已经见到了。此外还有一个反面典型，就是历史上的美洲原住民。自打上古时代，白令地峡变成白令海峡之后，美洲原住民与旧大陆之间就断绝了往来，几乎成了闭关锁国的一个典型。当然，这不是他们的选择，他们也别无选择。至于所谓"徐福到达美洲"之类的说法都是不可信的，都是虚无缥缈的小说家言。

我们也知道美洲原住民这种闭门发展最后带来的结果是什么：除了会冶炼黄金，美洲原住民几乎没有掌握其他的金属冶炼技术，以至于在面对西方殖民入侵者的钢铁刀剑和枪炮的时候，美洲原住民用的还是黑曜石做的兵器。他们也没有见过战马（马在美洲大陆上原本是存在的，但是后来被美洲原住民的先祖猎杀殆尽），以至于在西方殖民者骑着战马出现在战场的时候，他们甚至以为这是神。

还有，当一个民族不与外面交往，逐渐形成纯血体质后，甚至会导致身体应对疾病的能力下降，美洲原住民正是如此。这造成了非常严重的后果。西方殖民者入侵美洲之后，杀死美洲原住民最多的，不是刀剑与枪炮，而是殖民者带来的各种细菌和病毒——天花、流感、伤寒等。为什么将它们携带到美洲大陆的西方殖民者没事？因为他们要么有抗体，要么有应对的经验。可是不要说天花那种大杀器，有时候，往往对于旧大陆人来说非常稀松平常的一场流感，一种普普通通的细菌和病毒，就能要了很多美洲原住民的命，因为他们毫无抵抗这类疾病的免疫力。所以西方殖民者带来的那些疾病，杀死了成百上千万的美洲原住民。

闭关锁国、闭门造车带来的负面影响是全方位的。当然，开放包容也会带来很多的问题，世界上没有尽善尽美的事，但它带来的益处远远大于坏处。

其实，与其说是唐朝选择了这种气质，不如说它根本别无选择，因为这是历史大势造成的，与唐朝所处的历史背景密切相关。唐朝文化，是草原游牧民族文化和中原传统文化的结合体。

唐朝之前，是魏晋南北朝与隋朝。魏晋南北朝本就是一个各民族间有冲突有融合的时代，而隋朝虽然自称为"汉人政权"，实际上却有着很强的"胡化"特点，甚至连杨坚的家族也曾一度用过鲜卑人的姓——普六茹氏。而西魏宇文泰所创立的关陇集团，正是隋唐两代的政治基础。

关陇集团，顾名思义，是出身于关、陇这些地方的军功贵族集团。它还有个特点，就是胡汉结合。当年宇文泰创立这个集团的目的，就是最大限度地发挥西魏地区的人力、物力资源，增强内部凝聚力，所以他在鲜卑旧制的基础上，结合汉族的制度，创立了八柱国和府兵制。以宇文泰为首的八大柱国，控制着整个国家的政治、军事命脉。除了他自己和北魏宗室元欣不掌兵之外，六大柱国大将军又各自下辖两名大将军。换句话说，八大柱国加十二大将军，这二十个家族把中国的政治命脉牢牢掌握在自己的手里长达数百年。

根据陈寅恪先生的观点，这个集团有两大特征，一是"融治胡汉民族之有武力才智者"，胡汉结合，结合的都是胡汉精英。二是"入则为相，出则为将，自无文武分途之事"。在那个年代，受到草原游牧民族部落政治的影响，并没有文武官的分别。比如被大家理所当然地认为是文官之首的长孙无忌，曾经带兵打过仕；而被大家都毫无疑问地认为是武将出身的李勣，其实也当过文官。

所以，李唐集团的统治基础，就是胡汉结合的军功贵族集团。就连李唐皇室自己，本身也有一半的少数民族血统。李渊的母亲独孤氏就是鲜卑人。李渊的老婆窦氏，也是鲜卑贵族。李渊当年娶窦氏的方式，都不是汉人的方式。是什么呢？比武招亲。

关于比武招亲，许多人都是从武侠小说里边看来的，但那是中国传统文化吗？中国传统文化里面哪有比武招亲这一说？比武招亲本来就是胡人文化中的一个特色。当年的窦氏本来就是鲜卑贵族，窦家要选女婿，就在门屏上画上两只孔雀，谁能射中孔雀的眼睛，谁就能娶他家的女儿。贵族子弟都去应征，最后李渊脱颖而出，他一箭就射中了孔雀的一只眼睛。之后为了证明自己不是蒙的，李渊张弓搭箭，又射中了第二只孔雀的眼睛，超规格完成了任务，抱得美人归，娶回了窦氏。

窦氏为他生下了李建成、李世民、李元吉、李玄霸，以及平阳公主等子女，这使得李唐皇室拥有了一半的鲜卑血统。所以，李唐皇室自身就是汉人与鲜卑人的混血。

前些天有一位记者采访我的时候，他问我："唐与宋究竟有什么不同？"我谈了好几点，其中有一点是这么说的：我们极少把宋朝称为帝国，但是我们说唐朝是一个帝国。为什么这么说？那是因为唐朝在整个东亚世界的秩序当中是居于领导地位的，它是整个东亚、东北亚国家的领袖。

在李世民灭掉东突厥之后，他被当时的各国酋长共同拥立为"天可汗"。当时李世民说了这么一句话："我为大唐天子，又下行可汗事乎？"意思就是说："这真新奇，我是中原的皇帝，同时也能够称可汗吗？"但是到了后来，他还是接受了这个称呼。在写给这些少数民族酋长的信里，李世民也称自己为"皇帝天可汗"。

在此之前，中国的皇帝没有同时称可汗的。当然，要是较真的话，也有那么两位：一个是隋末割据山西地区的刘武周，他曾经既称皇帝，又被突厥任命为"定杨可汗"；还有一个，就是侵占今天内蒙古南部和陕北的梁师都，他也是隋末的，也是既称帝，又被突厥人立为"大度毗伽可汗"。问题是，这两位所建立的政权都不是正式的政权。在中国真正的大统一王朝里，又当皇帝又当可汗的，应该说唐太宗是第一人。

这意味着，中国的统治者变成了一个二元统治者。也就是说，他对中原人来说是皇帝，对周边的少数民族和外国来说是可汗。此时的帝国具有二元性，这就是一个大帝国的特质。所以说，唐朝真正实现了多民族多元文化的共存。

因此，唐太宗自愿称可汗，能反映出在这个民族融合的过程当中，人们思想意识的变化。而且唐太宗还说过这么一番话："自古皆贵中华，贱夷狄，朕独爱之如一。"就是把他们视同一体。说实话，这是历史发展的必然结果。魏晋南北朝以来，在中原大地上，既有民族的仇杀，也有民族的融合。而到了隋唐这个时期，民族融合已经占据了上风。所以对于唐朝来说，它应该是历史大趋势的集大成者。因此可以说，他们这种开放包容的气质，与其说是自己的选择，不如说是别无选择的一种继承。

唐朝对于少数民族以及外国，采取册封制度加羁縻制度，这是汉朝以来的传统。从汉代以来，中国的皇帝就非常热衷于"万邦来朝""万国衣冠拜冕旒"这种事，唐朝也不例外。而在中国的胡人、胡商，从某种程度上来说，也要配合政府进行一下政治表演，因为每个皇帝都有个"万邦来朝"的梦。比如，王莽当年非常羡慕上古天子"有远夷重译而来"，意思是远方来的外国使节，语言跟汉地都不能直接相通，要先经A国到B国，将他的语言由A语翻译成B语，然后再由B语翻译成汉语，这就叫作"重译而来"。王莽登基的时候，想找远邦的贡使"重译而来"又找不到，于是就找了一个人来扮演。这人嘴里嘀嘀咕咕，也不知道在说些什么，不过对王莽而言，只要给他表演好就可以了。

在朝贡机制之下，中原王朝对少数民族以及外国的要求，就是用"朝贡"这种方式来表达他们的臣服。至于实际上贡了多少，中国皇帝根本不在乎。作为"天朝上国"的君主，他们并不在乎那点小钱，在外邦上贡之后，他们往往会以两倍、三倍甚至十倍的价值进行回馈。

在这种机制之下，如果周边少数民族以及外国服从中国的朝贡机制，那么对于中国的皇帝来说，这就是他的属国；如果不服从，那就是与他为敌。甚至连唐代的皇帝死了之后，都要在他的陵墓前面竖立藩臣像，以示君临天下。比如，隋唐两代为什么都要伐高丽（隋唐时期，在正史和当时的政府文件当中，这个国家的国名都叫"高丽"而不是"高句丽"）？隋唐两代矢志不渝，就是因为在中原王朝看来，高丽不肯被纳入朝贡机制中来，是整个东亚国际秩序当中的一个缺环。我们今天并不会觉得这是多大的事，但是在那个年代的国际秩序之下，这就是天大的事。我在韩国甚至看到过，在相当于我国唐代的新罗时期，他们新罗王的陵墓前面，也模仿唐朝竖立了胡人形象的藩臣像。可是新罗哪来的胡人藩臣呢？

此外，唐代国子监讲学，要有外国使节站立听讲；宣布德音，也要有藩民在场。还有一个有意思的现象，很多的胡人入汉地之后是穿汉服的，但是每到这种特别的时候，政府就会下令"藩客入京，各服本国之服"，为的就是花团锦簇，好展现"万邦来朝"的气象。

　　说实话，有的时候，中国皇帝为了"万邦来朝"，在有些地方做得有些过分了，隋炀帝就是个典型。隋炀帝应该算是一个颇有作为的皇帝，但是这个人的优点和缺点都非常突出，而他的那些缺点最后导致了隋朝二世而亡。在对待"万邦来朝"这个问题上，他就展现了他性格当中的一个缺点——好大喜功。

　　隋炀帝曾为了追求"万邦来朝"的盛世景象，在洛阳举办万国大会，而且还人为地去制造这样的繁华景象。例如，他规定万国大会期间，洛阳城里所有的行道树的树干，要全部用丝绸包裹起来；城里所有的酒店老板，在来朝客商去吃饭时不许收钱，过后由官府结账。到了晚上，城中还要给来朝客商表演歌舞，光伴奏的乐队就有一万人。一万人的乐队，像指挥家小泽征尔一样拿一根小指挥棒来指挥肯定不行，或许都得像指挥军队一样，拿大旗来指挥。万国大会的歌舞晚会，就盛大到这样的地步。

　　有些聪明的胡商也能看出问题来，比如隋炀帝想展现洛阳城里"吃饭不要钱"，有胡商马上就问了，说："隋朝真的富到这种地步了吗？那沿途过来的时候，我怎么还看到有吃不饱饭的乞丐呢？既然吃饭不要钱，他怎么不来吃？"这就一语中的了。这种"万邦来朝"就属于"演"得过分了。真正的"万邦来朝"，应该建立在各国对你国力的敬仰、对你文化的向心力的基础上。只有这样，才能出现真正意义上的"万邦来朝"。

"万邦来朝",确实可能是秦汉以来中国历代封建帝王的追求和梦想。但我们不能因此说,唐朝的开放包容就是在追求政治符号,追求政治形象。因为我们可以看得出来,这种开放包容的气质是来自唐人骨子里的。这是他们的历史造就的,是他们的出身造就的,也是他们的文化价值观造就的。

但唐朝文化的主流仍然是中原传统文化。这里牵扯到史学界的一个著名的争论——隋唐文化的底蕴究竟是什么?唐长孺先生坚持认为,唐朝文化的底蕴是南朝化的,换句话说,唐朝文化最根本的基调是由保留了汉魏文化的南朝文化所决定的。而以北大的田余庆、阎步克等先生为代表的另一批学者,则坚持"北朝出口"的说法,意思就是说北朝文化对唐代的影响更大。但需要注意的是,有一个问题在学界是不存在争论的,那就是唐朝的文化同时融合了草原游牧民族文化和中国传统本土文化。这一点是毋庸置疑的。

当然,必须指出的是,这种开放政策的背后也有它的历史局限性。当时的唐朝,对外保持着足够开放的态度。少数民族以及外国人进入长安之后,可以经商,可以出家,可以当官,可以考进士,可以成亲。但是对于本国国民,政策就非常严格了——本国国民,无故不得出国。这也就造成了一个值得注意的现象:

丝绸之路从汉代就已经开辟了,拥有非常悠久的历史,但我们一说起丝绸之路上的商人，脑海当中浮现的都是些少数民族或者是外国人的形象，很少有汉族商人。

汉族商人当然是存在的，比如吐鲁番文书中就有汉族的商人在弓月城（今新疆伊犁地区）与当地的少数民族商人发生贸易纠纷的记载。但为什么胡商是主流？因为唐朝自己的国民一般无故不得出国。所以我们就能理解，鉴真为什么去日本要"六渡"，因为前面几次遭到了政府的层层阻挠；而玄奘取经甚至要"偷渡"，就是因为这是一以贯之的规定，除非政府委派，否则唐朝国民是不允许出国的。玄奘出去的时候没有什么名气，也没有接受政府的委派。之所以在他回来时为他举办那么盛大的欢迎仪式，是因为他在印度声名鹊起，并传回了中国。在这种情况之下，他出去和回来的待遇是完全不一样的。

此外，当时还有一个规定，虽然外国人在华可以娶华人女子为妻，但是外国人要返回本邦的话，即便作为他的妻子和孩子，唐朝国民也是不能被带出国境的。

所以，这种情况就使我们形成了一种印象：一说起丝绸之路、大漠驼铃，在我们脑海当中，牵骆驼的人就是高鼻深目的胡商。

唐朝开放包容的气质，来自它独特的历史渊源。它对待少数民族以及外国人的政策，并不见得同样适用于本国的国民。所以这种包容，有些地方令我们心驰神往、魂牵梦萦，有些地方也真的有它的历史局限性。

不过，相比较于中国其他的时代来说，唐朝仍然是一个具有高度开放精神的时代。这也是为什么，当我们说起唐朝文化时，会觉得那么神往。唐人开放、包容、自信的心态，是非常受我们现代人喜爱，让我们憧憬的。

开放包容的气质，就是唐朝的时代符号。

| 第二章 |

另类视角：日本、突厥、阿拉伯对唐朝看法各不相同？

　　想要了解唐朝时的中外关系，我们当然不仅要看中国的史书，也得看一下外国人是怎么看我们的，这样才能做到真正的兼听则明。

　　当时的国际关系错综复杂，不过限于交通和通信条件，能够跟唐朝建立密切关系的国家也不可能遍及全球。我们选其中一些主要的来看一下。

　　首先是我们的东邻日本。在唐朝看来，日本对于它来说几乎没有什么影响力。征讨朝鲜半岛时，唐军先是灭掉了百济，然后南北夹击要灭高丽。在这个过程当中，向来与百济是盟友关系的日本决心发兵干涉。于是，在齐明女天皇的策划之下，日军出动支援朝鲜半岛上的百济残余势力，与唐军对阵，双方爆发白村江口战役。这场战役，唐军大获全胜，几乎全歼了日本的舰队，日军的前线主帅也被当场击毙，日本大败而归。

这场战败给日本留下的教训是刻骨铭心的，但是这对他们来说也有好处——这更加强化了他们向中国学习的决心。而对于这场胜利，唐朝的态度则很有意思。

唐朝打了这么一场胜仗，歼灭敌人三万多人，烧毁敌舰几百条，怎么都算是一场大胜。但这场胜利在唐朝的史料当中只留下来短短的几句话，两三行就写完了。我们现在研究白村江口战役，只能靠《日本书纪》等日本史料。

为什么日本史料里把这场战役写得篇幅极长？因为他们被"打疼了"，对他们来说这是刻骨铭心的。而对于唐朝来说，尤其对于当时唐军前线的总指挥来说，这场胜利只是"洒洒水（小意思）"，只不过是唐军在朝鲜半岛众多战斗当中的一环而已，没有什么可夸耀的。为什么会有这种心态？因为在当时唐朝的眼睛里，像日本这样的国家，经济实力、军事实力乃至文化影响力，几乎都没有办法跟唐朝相提并论，当时的日本是无法向中国输出什么东西的。虽然到了宋朝时，向中国学习了很多之后的日本，开始不断地有发明能够反馈到东亚大陆上来，但是当年的日本没有这样的实力，所以中日两国看对方的视角并不平等。

当时的日本，对中国是一种全面学习的心态。在日本的飞鸟时代，推古天皇让圣德太子作为摄政，开展了一系列的政治改革。圣德天子当时制定了十二阶冠位、十七条宪法，并且派出了遣隋使。第一个遣隋使的名字叫小野妹子——千万不要真的以为他是个妹子，小野妹子是男性，只是名字叫"妹子"而已。这是有记载以来的第一位遣隋史。

当时日本人最羡慕隋唐的律令制，所以后来日本的历史学家把隋唐称为"律令制国家"。用律令、格式等法律条文来管理国家，在我们看来是非常稀松平常的事，所以唐朝人不会这么自称。但日本是由混乱的部落政治国家演变为律令制国家的，对于他们来说这是一个全新的时代，所以"律令"两个字对于他们至关重要。他们模仿当时唐朝的律令典章，制作了自己的律令典章，比如《大宝律令》《养老律令》等。

总之，日本靠着全面学习唐朝步入了文明阶段，甚至连他们的城市建设都在亦步亦趋地模仿唐朝的长安城。日本的平城京、平安京，有个共同的特点：它们几乎完全模仿了隋唐长安城的基本样式，甚至连街道的名称都有沿用。长安城的中轴线叫朱雀大街，平城京的中轴线也叫朱雀大街；我们的宫殿叫太极宫，他们的就叫太极殿。之所以连名称都要抄，就是为了进行完全的仿造。渤海国的上京龙泉府，还有后来西夏的兴庆府，也几乎都是在模仿隋唐长安城。

关于日本的平城京和平安京究竟模仿的是长安还是洛阳这个问题，有个说法认为平城京模仿的是长安，而平安京除了一部分模仿长安外，还有一部分模仿的是洛阳。但是现在的研究认为这个说法不对，它们应该都模仿的是隋唐的长安城，而没有模仿洛阳。关于这个问题，推荐大家看一下中国社科院王仲殊先生的《试论唐长安城与日本平城京及平安京何故皆以东半城（左京）为更繁荣》。这本书的标题很长，但是它很有意思，里边提到了一个观点：平城京也好，平安京也好，实际上模仿的都是长安。

那么为什么后来平安京又被称为"洛阳"，乃至于到了战国时期，各路军阀去京都都被称为"上洛"呢？王仲殊先生认为，这跟后来日本天皇的推动密切相关。嵯峨天皇更加喜欢洛阳，尽管平安京是按照长安城来建造的，但是他在给宫殿、城门、街道取名时，往往都采用了洛阳的名称；在他口中，也往往用洛阳来指代京城。在他的推动之下，后来的平安京具有了越来越多洛阳化的色彩。这座都城按照长安城来建造，后来却又按照洛阳的建筑、街道来命名，这是非常有意思的一个现象，反映了中国文化对于当时日本的影响。

日本真的很在意它在唐朝的文化地位、形象究竟如何。历史上曾经发生过一个"含元殿日本使者争长事件"。争长，就是争座次。唐玄宗天宝年间，正是大唐盛世最鼎盛的时候，当时日本国的使者（第十批遣唐使）来到含元殿，给皇帝祝贺新年。在进入含元殿之后，他突然发现自己被排在了东边这一列，而这一列排在最前面的外国使节来自新罗。这下，日本的遣唐使不干了，他向唐朝官员声明说："新罗还要向我大日本进行朝贡，可现在我们的座次竟然排在他们下边，我不干。"当时值殿的将军叫吴怀宝，他见日本使者闹得厉害，便决定临时给他们调换位置。吴怀宝把新罗的使者由东边的一列调到了西边，放在了西边的第二位（第一位是吐蕃），然后把日本国的使者放在了东边的第一位次上。这下日本国的使者高兴得不得了，回去之后连忙向天皇汇报。在他看来这是"为国争光"的行为，但这件事在唐朝的史料当中根本没有记载。和前面的例子一样，在唐朝人的眼里这是非常小的一件事，但在日本人的眼里，这件事大得不得了。

关于"我们怎么看外国"，有史书为证，史书中有很多当时唐朝与少数民族乃至外国往来的记载。而"外族怎么看唐朝"这个问题，我们就要做到兼听则明了。

举个例子，我们都知道研究突厥史离不开突厥的碑刻，在这些碑刻中，有一块著名的碑叫"阙特勤碑"，它描述的是突厥的毗伽可汗和他的弟弟阙特勤的事迹。而值得关注的一点在于，这块碑是由唐朝的使节带着唐朝的工匠竖立的，一块完全秉持着唐朝风格的碑。碑的两面是两种文字，一面是汉文，一面是突厥文字，但汉文和突厥文字完全是两个意思，这块碑也就成了历史上著名的"两面派"。

在碑的正面，唐玄宗盛赞阙特勤和毗伽可汗的盛德与武功，说的那些话都好听得不得了。当然，在我们看来这也就是一些外交辞令，但起码是非常有礼貌的那种外交辞令。但是在碑的反面，突厥文字所描述的内容，听起来就让人不那么舒服了。

碑的反面说："我（毗伽可汗）与汉人建立了友好的关系，他们给予了我们大量的金子、银子和丝绸。汉人的话始终甜蜜，汉人的物品始终精美。利用甜蜜的话语和精美的物品进行欺骗，汉人便以这种方式令远方的民族接近他们。

"当一个部落如此接近他们居住之后，汉人便萌生恶意。汉人不让真正聪明的人和真正勇敢的人获得发展。如果有人犯了错误，汉人绝不赦免他们，从其直系亲属直到氏族部落。你们这些突厥人，曾因受其甜蜜话语和物品之惑，大批遭到杀害。啊，突厥人，你们将要死亡，愚蠢的人便去接近汉人，因而遭到大量杀害。"

接下来，毗伽可汗告诫大家："汉人不可接近，汉人没有诚信可讲，你们千万不要接近他们，你们就留在于都斤山（今蒙古杭爱山），以这儿为中心，然后派遣商队，到远方去进行商业活动，你们便将无忧无虑，而且能够永远地生活下去。"

碑后的题记显示，这块碑是唐朝的使者张去逸（唐肃宗张皇后的父亲）带着唐朝的工匠来做的。那么突厥人在碑文里把汉人骂成这个样子，他为什么没有去管一管？恐怕张去逸和唐朝工匠根本就不认识人家的文字，在工匠把正面唐朝皇帝给的碑文刻完之后，是由突厥人提供了他们的碑文。而工匠只是照原样刻完，也不知道写的是什么，于是就留下了这么一块"两面派"的碑。

坦白说，史书是人写的东西，只要是人写的东西，它都有自己的立场。汉人建立在汉人的立场之上，其他民族也建立在他们的立场之上。对于历史的记述，跟我们不一样的地方，不见得就一定是他们对或者我们对。这个问题要具体分析，具体看待，要注意史书之中史料话语权的问题。

类似的事情还有很多，比如在云南丽江博物馆有一块吐蕃的告身碑，上面记载着另外一件事。我们总觉得在唐朝的少数民族羁縻政策之下，各民族应该对唐朝的统治一致拥护，但事实并不是这样。在这块碑的记载中可以看到，当时措绒地区的少数民族受唐人统治若干年，对唐人的统治深恶痛绝，最后由当地的酋长率领投向了吐蕃。吐蕃发给他们"告身（相当于委任状）"，然后刻碑纪念此事。在研究中外关系史的时候，一定要注意这种"各说各话，各表立场"的现象。

再来说说阿拉伯人眼中的唐朝。阿拉伯刚好横亘在欧亚大陆的中间，它的历史悠久，对于当时的世界来说是重要的力量之一（尤其是在后来伊斯兰化以后）。因此无论是对欧洲还是东亚来说，阿拉伯都有着重要的影响。

阿拉伯人很早就已经意识到了中国的存在。在成书于1世纪的《印度洋航海指南》里就曾提到，马六甲之北，海之极端，有一个国家叫作"秦"，那里盛产丝绸和生丝，并且描述了贸易的路线。有趣的是，这段话实际上是从希腊人那里传来的，因为希腊人早先曾经用"丝"（Thin）这个词来称呼中国，阿拉伯人只是沿用了这样的称谓。

此外，在法基赫所写的《各国志》中，也描绘了阿拉伯人心目中的世界图景。他说："世界景象分为五部分，犹如鸟首、两翼、胸部、尾部。世界之首为中国，背后是瓦瓦，右翼是印度，左翼是可萨，可萨后面有两民族，其一是孟沙与摩沙，在他们后面是雅朱者和马朱者，胸部是麦加、希贾兹、叙利亚、埃及与伊拉克。尾部是从扎特—胡玛姆（亚历山大港附近）至马格里布。"

当然，我们不必深究这个世界图景是否准确，这只是那个年代阿拉伯人对于世界的一种认知，他认为最东端的国家（相当于鸟首）就是中国。

随着丝绸之路日渐兴盛，无论是陆上丝绸之路还是海上丝绸之路，阿拉伯人始终是商人中的主力军之一。尤其是在海路上，当时阿拉伯的航海技术在全世界都是领先的。当时在广州港的众多外国商船中，有相当大一部分来自阿拉伯。由于广州港的商贸非常繁荣，唐朝后来在广州设置了市舶使。市舶使承担的功能有点类似现在的海关，但它的主要职责并不是负责关税，而是满足皇室的需求，满足朝贡机制的需求。从这点上来说，市舶使又兼有部分"外交部"的色彩。外国的使者、商团来到广州之后，担任市舶使的宦官代表皇帝来挑选其中最好的商品，再用几倍于市场的价格把商品买下，用于上贡。

所以在唐朝的很多史书，比如《新唐书·地理志》《唐六典》以及《唐会要》之中，我们都能看到广州都督府进贡很多香药、象牙等不产自中国本土的东西，而这些东西当中相当大一部分来自远洋贸易。一般情况下，外国商人愿意与市舶使做这样的交易，因为市舶使给的价格更高。

但这样的交易也不是一直和谐的。在一本阿拉伯商人写的《中国印度见闻录》中，就曾经提到过一个贸易纠纷案。当时有一个来自呼罗珊地区的商人，来到广州之后与市舶使发生了冲突。他从伊拉克采购了大批货物来到中国，在市舶使来选购他的商品的时候，不知是市舶使给出的价格过低，还是直接强行夺走了他的货物，双方产生了严重的纠纷。耐人寻味的是，在这位宦官看来，这种抢夺商人货品的事很平常，所以根本不把这个商人放在眼里。

而这位商人是个"轴脾气"，他竟然决定从广州出发，到长安去告状。他用了两个多月的时间，星夜兼程赶到了皇帝所在的京城"胡姆丹（阿拉伯人对长安的称谓）"，向中国的皇帝禀报了事情的原委。经过调查，中国的皇帝公正地处理了这件事，他把那名宦官召了回来，贬到皇陵去做看守。唐朝就是这样，宦官和宫女犯了错之后，给他们的处罚就是贬到某个皇陵去。我们都知道，看守皇陵都是在那些前不着村后不着店的地方，如果叫个外卖，要送十二个小时的那种。这是符合唐朝制度的处理方式，因此这个案件在阿拉伯商人看来，是处理得很合适的。

不过，并不是所有案件都能得到合适的处理，甚至还因此酿成过血案。比如在武则天时期就曾经发生过广州的胡商（《新唐书·王综传》记载是"昆仑"，"昆仑"也是对南海一些国家的称谓）杀死广州都督路元睿的事。关于这件事，《资治通鉴》记载得很详细。路元睿对手下管束不严，结果他手下的人为非作歹，借着远洋贸易的当口，向外国的商人索取贿赂，强占货物。有外国商人不忿，向路元睿汇报了此事，希望路元睿秉公处理，但是路元睿偏袒自己的部下。

外国商人怀恨在心，趁一次宴会时，怀揣利刃闯入厅堂，把路元睿及其手下十多人全部杀死。这些凶手本就是海上来的，杀完人之后，便上船扬帆远去，从此再也没有踏足中原。这里必须要对史官表示一下钦佩，面对这样一个杀害广州地方长官的恶性案件，史料当中的记载还是比较公正客观的，既说明了凶杀案的性质，也专门提到事件起因是路元睿偏袒他的僚属，侵占胡商的货物，可以称得上是不偏不倚。

唐代宗大历八年（773年），岭南的将领哥舒晃发动叛乱，杀死了当地的节度使。唐政府派人率兵平乱的过程中，不仅杀了哥舒晃，还杀了一些胡商。这其中恐怕有一个重要的缘故，就是这些胡商参与了哥舒晃的叛乱。还有，唐肃宗时期也曾经发生过波斯与大食（今阿拉伯）的胡商"共寇广州，劫仓库，焚庐舍，浮海而去"这样的事件。这绝不是波斯和大食的政府行为，而是商人的行为——要么是海盗行为，要么是贸易纠纷演变的冲突。总之，在当时丝路的繁华盛景之下，也不是所有的时候都是和谐的。

当然了，在阿拉伯人眼中，中国还是一个泱泱大国，有着发达的技术、璀璨的文化、精美的物品。对于唐朝的很多事情，他们的记载也非常有趣。《中国印度见闻录》里提到，唐朝的每一个十字路口都设置有高大的石碑，上面刻着各种疾病和药物的名称，说明什么病要用什么药来医治，这在唐朝叫作"药方碑"，就是用竖碑的方式给老百姓一个用药指南。此外，如果某个人很穷，还可以从国库当中得到药费。这就反映了唐朝的医疗状况。

有时候，用第三方的眼光来看待本国是很有必要的，毕竟有些细节，在中国的史料当中根本没有记载。比如，阿拉伯人记载了世界上最早的手纸。我们从前都不知道手纸是什么时候开始被使用的，现在看来应该是在唐朝。那么在唐朝之前，古人上完厕所之后是怎么清理的呢？穷人会找个土坷垃去擦，也算是环保卫生。讲究点的则用"厕筹"，也就是竹木片去刮。好多汉代的竹木简，比如敦煌悬泉乡的那些，全是在茅坑里发现的，那些竹木简在写完字之后被当作废物，作为厕筹使用。在我们的印象里，中国人用厕筹好像是一直用到至少宋元时期的。而在《中国印度见闻录》中，阿拉伯人写道：唐朝人不讲卫生，便后不用水洗，而是用中国造的纸来擦。这是我们目前能够见到的世界上最早的厕纸的记载。

所以，有时站在别人的视角之下看我们的历史，还是很有意思的。尽管里面有些话在我们听来会觉得不舒服，但至少可以让我们知道，历史的记载是多元的。

第三章

兼容并包：唐朝的各民族关系如何达到动态平衡？

大唐帝国，是在魏晋南北朝民族迁徙分化融合的基础上，建立起的一个多民族多元化的国家。它与同样是帝国的汉朝有很大的不同。汉朝，尤其是西汉的民族关系，并没有唐朝这样多元化。经过魏晋南北朝到隋朝这几百年的民族大融合之后，到了唐朝，对于在中原地区定居的各民族的人来说，尽管民族的称号还在，但都已经多多少少地失去了他们自身的文化特性，逐渐汉化。

在公元1840年以前，中国存在这样一个现象：中原地区时不时会被其他的民族在武力上所征服，但是在文化上，作为征服者的一方，却多多少少都要走上汉化的道路。所以当时唐朝的文化，称得上是这几百年民族大融合积淀之后的产物。

　　那么，当时有哪些主要的民族呢？东北地区，有突厥、薛延陀、回鹘、奚、契丹、室韦（室韦的一部是后来蒙古的祖先）、靺鞨（靺鞨的一部是后来满洲，也就是清朝皇室的祖先）；西北地区，有西突厥、突骑施，还有一些城邦国家；青藏高原上，有吐谷浑、吐蕃、党项；南方地区，还有南诏等，民族是相当多的。但毫无疑问，在唐朝，尤其是唐朝前半阶段的历史中，与突厥的关系是对外关系的重中之重。

　　在我国中原地区的北方，也就是草原地带，总是有个强大的游牧民族——原先是匈奴，后来是柔然，再后来又有了突厥。突厥这个民族是怎么发展起来的，有很多不同的说法。有人说他们是由平凉杂胡发展而来的，还有人根据毗伽可汗碑"九姓铁勒者，吾之同族也"的记载，认为突厥起自铁勒。

　　突厥人最初的活动范围在准噶尔盆地以北、叶尼塞河上游，后来逐渐迁徙到了博格达山一带。突厥人掌握着非常高超的金属冶炼锻造技术，因此柔然在称霸北方草原游牧地区的时期，曾把他们奴役的突厥人称为"锻奴"，也就是专门为他们打造兵器、铠甲的奴隶。北朝时期，突厥崛起，大败柔然。土门可汗（后来叫伊利可汗）建立了突厥汗国，取代柔然，成为北方草原游牧地区的一代雄主。

　　到了隋朝开皇年间，突厥分裂为东、西突厥。东突厥曾一度在隋朝的离间计和军事打击的双重举措之下臣服于隋朝，但到了隋末，趁着中原战乱，东突厥又"死灰复燃"了。始毕可汗还曾经把隋炀帝包围在雁门关，差点把他杀死。当时的各路农民起义军，也都不得不向突厥称臣。其中就包括李渊，他在太原举兵的时候，也曾派刘文静去贿赂突厥。

李渊并不是想当"汉奸"，去仰仗突厥的力量，只是在各路力量都在巴结突厥的情况下，他不得不这样做——不求突厥帮忙，但求它不在后方捣乱。但是突厥得寸进尺，不仅在隋末的战乱中支持了很多反对李渊的力量，还在唐朝建立的过程中屡次捣乱，多次直接派兵入侵唐朝内地，一度威胁到了长安的安全。甚至在玄武门事变后，在李世民刚刚登上皇位的时候，突厥就兵临渭水，迫使李世民签订了"便桥之盟"。史料中把李世民描绘得相当淡定从容，好像只身匹马便退却了突厥几十万大军。但实际上，这就是一次城下之盟，对李世民来说也是巨大的耻辱，在他心里，一直对这次事件耿耿于怀。

草原游牧民族的经济有一个特点，就是兴盛时看起来非常兴盛，衰落时又衰落得非常突然。这其中有一个重要的缘故，就是他们在经济基础这方面严重不如中原民族。他们的经济结构非常单一，虽然是以游牧经济为主，商业为辅，但是他们的商业也必须以游牧经济为基础。但游牧经济特别容易受到自然灾害的打击，所以他们的经济总体来看非常脆弱。旱灾、蝗灾、雪灾……一旦遭遇严重的自然灾害，这些游牧民族的经济立刻就会崩溃。

在贞观二年和贞观三年的时候，突厥人遭遇了一场严重的雪灾。当时大雪有几尺深，因为吃不到底下的草，大量的牛羊饿死。牛羊死了，突厥人也就没得吃了。他们刚开始还能吃死去的牛羊的肉，后来肉都吃完了，又只能把牛羊的骨头挖出来，磨成粉，用水冲服下去。

也就是在这个时候，突厥祸起萧墙，原先依附于他们的薛延陀和回纥不服盘剥，发动了起义，颉利可汗镇压失败。此时，李世民抓住了洗刷耻辱的良机。他派出最信赖的两员大将李勣和李靖，兵分两路深入大漠，最终灭掉了东突厥，俘虏了颉利可汗，唐朝因此一跃成了整个东亚世界的领袖。这在唐朝的历史上是一个里程碑式的事件。

在唐高宗统治的末期，东突厥复国，史称"东突厥第二汗国"或"后突厥"。到了武则天时期，东突厥还多次入侵内地。直到唐玄宗天宝年间，回纥才终于灭掉了突厥。从此以后，作为一个整体国家的突厥消失了，一部分突厥人归附了回纥，一部分迁到了灵武，还有一部分迁到了今天的西域。

北方草原地带具有一个非常独特的点——不断有一代雄主在这里崛起，在它崛起之后，各个部落就都来归附它，由此形成一个新的、强大的、多元的民族。关于这一点，在史书当中也有体现，比如当时人们的籍贯。著名的西魏、北周八大柱国将军之一，隋唐两代的国丈独孤信，按理说应该是鲜卑人，但史书中又说他的祖先是匈奴人。那么他究竟是匈奴人还是鲜卑人？从血缘来说，他可能曾经是匈奴人的后代，但在匈奴瓦解之后，其中有一部分人可能就归附了当时新近崛起的鲜卑，所以说两者并不矛盾。

回纥就是在突厥之后崛起的一代雄主。回纥原本是铁勒的一支，也就是高车六大部落之一，本来是受突厥人奴役的。在贞观初期，他们借着天灾，掀起了对突厥人的反抗。突厥败亡之后，他们又受到了薛延陀的奴役。后来薛延陀与唐朝为敌，被唐朝击灭，回纥趁势崛起，很多的部落都来依附于它。

唐玄宗天宝年间，因为回纥曾经帮助唐朝击破了东突厥，所以与唐朝之间的关系很好。东突厥灭亡之后，回纥非常壮大，并且沿用了突厥的制度。安史之乱后，回纥应唐政府的邀请，派兵前来支援唐朝，帮忙收复两京。坦白说，在这个过程中，正反两方面的作用都有。一方面，回纥的骑兵足够强大，安史叛军非常害怕回纥骑兵，战场上只要有回纥骑兵在，基本上无往而不利；另一方面，回纥人居功而自傲，向唐朝索取了很多的钱财物资不说，还对唐朝百姓有烧杀抢掠的行为，这在史书中都有明确的记载。另外，唐朝皇帝还曾至少让三个亲生女儿先后与回纥和亲。和亲一般都是以宗室女出嫁，但这几回是皇帝的亲生女儿，足见唐朝皇帝多么重视与回纥之间的关系。到了唐德宗贞元四年（788年），回纥还上书中国皇帝，要求改名，希望不要再称他们"回纥"，而要称"回鹘（鹘是鹰类的鸟）"，意思就是回旋轻捷如鹘，这是个美称。

从公元8世纪50年代到9世纪30年代的这七八十年，是回鹘政权最为强盛的时代，后来它便逐渐走向了衰落。到了唐朝开成年间，回鹘被它所属的部落击败，唐朝也趁此时对回鹘发动了进攻。因为在唐朝后期，回鹘总是用绢马贸易（用马交换内地的绢）来盘剥唐朝，唐朝已经不堪其扰。最后回鹘分崩离析，其中的一部分人迁到了西北地区。

另一个值得重点关注的民族，就是东北地区的契丹。契丹是一个非常重要的民族。这里的重要，不只是指它后来建立了辽朝。在有些中亚地区乃至欧洲的语言中，其实就是用契丹的名号来称呼中国的，比如俄语就把中国叫作китай（契丹）。由此可见契丹当时在整个世界的影响力之大。

契丹民族原本脱胎于鲜卑族，后来主要生活在从今天的辽宁到河北，再到内蒙古南部这一带。他们与另外一个少数民族难解难分地居住在一起，那个民族就是奚。也因此，在唐朝的史料中，经常把契丹和奚并称为"两蕃"。

唐太宗时期，契丹曾经派大酋长来唐聘问，所以唐朝在契丹地区设置了十个羁縻州。武则天时期，"两蕃"谋反，武则天派军队镇压契丹，大败亏输，在战场上牺牲了几十万将士。后来她还是和突厥联手，南北夹击，这才把契丹的叛乱镇压了下去。到了唐玄宗时期，契丹与唐之间的关系是比较好的。后来，趁着唐末战乱，契丹崛起。公元907年，耶律阿保机成了契丹的新首领。同时，他也是辽朝的实际创立者。

此外还有靺鞨。靺鞨是东北地区的一个民族，他们的生产方式有游牧，也有农耕和狩猎，总体是比较多元的。他们有七个大的部落，其中最有名的是粟末靺鞨和黑水靺鞨。黑水靺鞨位于今天的黑龙江流域，一共有十六个部落。唐高祖时期，黑水靺鞨就曾经派酋长到长安拜见唐高祖。到了唐玄宗时期，唐朝在那里设置了黑水都督府，还给他们的酋长赐姓"李"。

粟末靺鞨居住在牡丹江地区，比邻高丽。粟末靺鞨有个大人物——大祚荣，大祚荣在武则天圣历年间，自称为"震国王"。唐玄宗先天年间，唐朝政府正式册封大祚荣为渤海郡王、忽汗州都督。从此以后，粟末靺鞨就开始自称为"渤海国"。

渤海国是一个很有意思的国家。他们的官制模仿唐朝，与唐朝之间的关系比较友好，但是也不是什么时候都友好。他们曾经入侵过唐朝内地，甚至泛海攻击过登州（今山东烟台、蓬莱）。之所以攻打登州，是因为大祚荣的两个儿子大武艺、大门艺不和。从政治取向上来说，大门艺比较亲唐，大武艺比较反唐。在哥哥大武艺继承了大祚荣的王位之后，曾野心勃勃地发兵，攻打跟唐朝关系友好的黑水靺鞨，而大门艺劝告自己的兄长不要这样做。

这种情况下，两兄弟结下了梁子，大门艺不得不逃往唐朝。大武艺听说自己的弟弟到了唐朝，就派使者去找唐朝的皇帝，表示大门艺是渤海国的罪犯，需要唐朝交还或者直接杀死他。唐朝当然不可能听他的话，大武艺一怒之下，派兵泛海袭击了登州，把登州的地方长官都杀了。唐朝听到消息之后十分愤怒，从幽州起兵，攻打渤海国，同时让新罗从南边夹击。这种情况之下，大武艺不得不向唐朝请罪。

但事情并没有就此结束。大武艺认为这一切都是他弟弟在背后一力撺掇的，于是在这件事表面上平息之后，他竟然派出刺客，前往大门艺居住的洛阳，想要刺杀他。刺客在天津桥南摸清了大门艺的起居习惯，便去刺杀大门艺。大门艺武功高强，警惕性也很高，因此幸免于难。得知唐朝政府把刺客全都抓住并处死之后，大武艺只得赶快又派使者到长安来附表请罪。总的来说，渤海国虽然与唐朝之间存在冲突，但经济、政治、文化交往还是比较密切的。后来，渤海国被耶律阿保机所灭。

再来说说西域。西域自汉代甚至自先秦以来就有个特点：小国多得不得了，而且城邦国家居多。至于这个特点形成的原因，看一看新疆的地形就能明白。新疆的地形错综复杂，有像伊犁河谷那样水草丰美的地方，也有寸草不生的沙漠；有戈壁，也有绿洲。所以西域虽然广大，却很难诞生出一个大的政治实体。因为地形支离破碎，生产方式也多种多样，所以城邦国家居多。而当时的很多城邦国家，比如伊吾、高昌、焉耆、龟兹、疏勒、于阗等，或归附于唐朝，或被唐朝所灭。

唐朝最早在西域地区设置有安西都护府、安西四镇。到了武则天时期，由于西域的范围太大（比现在新疆的范围还要大，往西最远可至咸海），武则天担心只设一个安西都护府无法有效统治，于是决定以两大都护府来管理整个西域地区。她以天山为界，天山以南已有安西都护府，所以又在天山以北的吉木萨尔地区设置了北庭都护府。

当时在西域地区与唐朝争夺控制权的主要是西突厥。西突厥很强盛，它有十个基本部落，十个部落又被称为"十箭"。这个别名的起源，据说是这十个部落统领被称为"十设"，每设赐一箭，因此叫作"十箭"。又以碎叶河为界，碎叶河以东（左厢）为五咄陆部落，以西（右厢）为五弩失毕部落，首领叫"俟斤", 号称"十姓部落"。这种部落联盟的形式导致了一个问题——西突厥虽然强盛, 但是内乱不断。比如唐太宗时期, 因为争位, 西突厥同时出现了两位可汗, 陷入了内乱。贞观十五年(641年), 乙毗咄陆可汗统一了西突厥, 又与唐朝发生了争斗。

到了唐高宗永徽年间, 阿史那贺鲁统摄十姓部落, 又与唐朝为敌。唐朝先是派出大将程咬金去征讨, 结果打了个窝囊仗, 虽然没有大败, 但是也没达到效果, 于是后来又派出了苏定方。一代"战神"苏定方, 一生战功赫赫, 在我心目中, 他应该算得上是"唐朝第一将"。苏定方"三破敌国、三擒国主", 其中就包括攻破西突厥, 擒获阿史那贺鲁。

武则天时期, 东突厥汗国复兴, 兼并了西突厥十姓部落, 导致西突厥亲唐的那一部分人迁到了唐朝内地。而西突厥的故地, 比如碎叶水东西厢、伊犁河谷这一带, 就被突骑施所占据。突骑施原本是西突厥的附属部落, 分为黄姓突骑施和黑姓突骑施, 他们都曾经与唐朝有过亲近的时期, 也有过与唐朝为敌的时期。

还有青藏高原上的吐谷浑。吐谷浑出自鲜卑, 原本是鲜卑慕容部的一部分。在南北朝的时候他们分裂了, 其中的一部分在首领吐谷浑的率领下迁居到了青藏高原北部, 并在此定居, 以首领的名字为国名, 这就是吐谷浑。隋末唐初的时候, 吐谷浑已经比较壮大。到了唐太宗贞观时期, 吐谷浑的伏允可汗, 甚至还入侵过唐朝的国境。贞观九年（635年），李世民派出老将李靖率领军队在青藏高原上作战，击败了吐谷浑的伏允可汗，引发了吐谷浑内乱。最后伏允可汗被杀，他的儿子被唐朝立为傀儡王，称之为"西平郡王"。从此，吐谷浑才彻底归降唐朝。

在青藏高原南部的吐蕃崛起后，吐谷浑变成了唐朝与吐蕃之间一个重要的"夹板"。当时吐蕃想要侵占整个青藏高原，青藏高原北部的吐谷浑，当然就成了他们的眼中钉、肉中刺。后来吐蕃灭亡了吐谷浑，占据了吐谷浑的故地，吐谷浑的国王带着自己的百姓归降了唐朝。这就产生了一个有趣的现象：在唐朝的史书中，"吐谷浑王"存在了很长的时间，但事实上，他的国家却早已经亡于吐蕃之手。

吐蕃是一个古老的少数民族，从族源上来说，它可能与先秦时期的羌人有很大的关联。大概在隋朝初年，松赞干布的祖先就在今天的西藏山南市崛起，战胜了以赤邦松为首的部落联盟。赤邦松部落联盟居住在拉萨河流域，所以后来吐蕃的崛起，是以拉萨河流域为中心的。后来，松赞干布正式迁都到了逻些（今拉萨），又兼并了大羊同部落，统一了整个西藏。

因为和吐谷浑之间起了冲突，再加上向唐朝请求和亲遭到拒绝，吐蕃开始与唐朝为敌，发兵去攻打松州（今川藏交界一带）。唐朝派边防军抵御并击退了吐蕃的侵扰，但也同意了松赞干布的求婚请求，这才有了文成公主入藏的事。此时吐蕃与唐朝的关系还算正常，但到了唐高宗时期，双方爆发了激烈的冲突。冲突的焦点在于争夺青藏高原北部与塔里木盆地（尤其是塔里木盆地南道）的控制权。

唐朝军队到了青藏高原上，作战往往不利。唐高宗时期就发生过两次大败：一次是薛仁贵指挥的大非川战役，十万人的军队几乎全军覆没，薛仁贵与对方"约和而还"，事实上就是成为俘虏被放了回来；另一次是李敬玄指挥的青海湖之战，十八万大军虽然没有全军覆没，但也是一场大败仗。之所以武力达到巅峰的唐朝在青藏高原上作战往往失利，我认为对高原反应认知不足、应对手段不当是非常重要的原因。关于这个问题，我在另一篇论文《疾病与唐蕃战争》中有专门的探讨。

唐朝在青藏高原上与吐蕃的战斗以失利居多，所以吐蕃堪称是唐朝的一个劲敌。尤其是安史之乱发生后，吐蕃趁着唐朝的北庭、安西和河西的军队进入内地勤王之机，一口气侵占了河西走廊，后来又陆续侵占了安西四镇。从此唐朝丧失了对河西走廊和整个西域的控制权，直到灭亡也没能重新夺回。

另外还有南诏。南诏是一个崛起于今天云南地区的少数民族政权。原本有六个部落，历史上称之为"六诏"。其中蒙舍诏的居地最靠南，也最强大，因此被叫作"南诏"。唐玄宗开元年间，南诏统一了六诏，唐朝册封当时南诏的首领皮逻阁为云南王。天宝九载（750年），唐朝地方官向皮逻阁索取无度，引发了南诏的反叛。杨国忠亲自带领唐军前去镇压，结果是大败亏输，并且南诏为了找后台，竟然还联合吐蕃与唐朝为敌。在这场战役当中，唐朝老百姓付出了惨重的代价。杜甫的名篇《兵车行》中"耶娘妻子走相送，尘埃不见咸阳桥"的诗句，描绘的就是这场战役中被征召入伍的那些年轻人。

后来，因为吐蕃对南诏的盘剥越发严重，在唐德宗时期，南诏又跟吐蕃闹翻了再与唐朝和好，来共同抗击吐蕃。可以说，唐、吐蕃、南诏上演了一番新的《三国演义》。到了公元902年，南诏的大臣杀害自己国家的幼主，建立了一个新的国号"大长和"。就此，南诏宣告灭亡，立国一百一十六年。

唐朝的国际关系错综复杂，各民族互相角力，互相利用，同时也在互相融合。不管怎么看待这段历史，都无法绕过这样的现象。所以，想要全面了解唐朝，必须得了解当时的民族关系。

| 第四章 |

破除谬论：安史之乱是民族矛盾？和亲就是耻辱？

这一章的话题依然与民族关系有关，因为民族关系问题永远是唐史研究中的重中之重。而在这一章里，我会针对一些网络热点与传言，提出自己的看法和观点。

在民族关系问题上，毋庸置疑的是，民族必须坚持自己的主体性，但也必须坚持开放包容的心态。中华民族能够由一个黄河中游的部落联盟，发展成现在这个大民族，正是靠着五千年来的兼容并蓄，这是民族坚韧性的由来。也正因如此，中华民族的文化得以传承，民族得以复兴。鲁迅盛赞的"拿来主义"，正是我们中华民族自古以来文化自信的一种体现。但是，在网上一些关于民族关系的言论中，好像胡人的一切都应该遭到否定，而只要是反对胡人的，不管什么都该得到赞美。

举个例子，魏晋南北朝时期有一个冉魏政权。冉魏政权的创立者冉闵，原本是胡人的将领，后来他率军起义，杀死了很多的羯人（也就是胡人）。在网上，有一些人非常追捧他，把他称为"民族英雄"。大概十年前，有一篇叫《杀胡令》的文章在网上非常流行，很多人都说看了之后"热泪盈眶"。这篇文章是所谓的冉闵当时向全天下发出的一篇檄文，大概意思就是"我已经发动了反胡人的起义，你们赶快来响应我吧"。

网上流行的《杀胡令》是这样说的："诸胡逆乱中原已数十年，今我诛之，若能共讨者可遣军来也。暴胡欺辱汉家数十载，杀我百姓，夺我祖庙，今特此讨伐。犯我大汉者死，杀我大汉子民者死。杀尽天下诸胡，匡复我汉家基业。天下汉人皆有义务屠戮胡狗。闵不才受命于天道特以此兆告天下……"

这篇文章根本经不起推敲，看得出是一个文言文水平很有限的人杜撰出来的，不仅不文不白，张冠李戴，还"穿越"。比如文中"中原秀丽河山，本为炎黄之圣地，华夏之乐土，而今日之域中，竟是谁家之天下"这一句，就属于严重的穿帮。"今日之域中，竟是谁家之天下"这句话，明显模仿自骆宾王所写的《为徐敬业讨武曌檄》，但那可是比冉闵晚几百年的武则天时期的作品，难道还能让前人学习后人的文章吗？

所以说，这篇《杀胡令》完全是杜撰的，只有前面的一句话是真的。"若能共讨者可遣军来也"这句话，见于《晋书》卷一百七："闵遣使临江告晋曰：'胡逆乱中原，今已诛之。若能共讨者，可遣军来也。'"而《晋书》里说"朝廷不答"。这意味着所谓的《杀胡令》并不是"令"，而是冉闵在发动反羯人起义之后，为了得到东晋政府的支援而发出的邀约。而东晋政府对此的反应是"冷处理"，没有配合他。

确实，魏晋南北朝时期的民族矛盾非常尖锐，少数民族有屠戮汉人的行为也是毋庸置疑的。冉闵和他的父亲冉良都是汉族人。冉闵的父亲曾经是后赵皇帝石虎的养子，作为羯人的手下，帮助羯人做了很多的事情，后来冉闵发动起义，杀了很多羯人。这里有民族矛盾的原因，他要为汉族"复仇"，但还有一个原因，就是政治需要。

公元350年秋，冉闵发兵攻打襄国城，攻打羯人，以他的儿子冉胤为"大单于"。身为汉人，他却让儿子称胡人名号"大单于"，并且在他儿子手下，还有千余名胡人士兵组成的精锐部队。当时的光禄大夫韦謏反对他的行为，说："胡、羯皆我之仇敌，今来归附，苟存性命耳。万一为变，悔之何及。请诛屏降胡，去单于之号，以防微杜渐。"意思就是说，胡人是我们的敌人，你应该把这些胡人要么屏退，要么杀死，而且不要用"单于"的称呼。结果"闵方欲抚纳群胡，大怒，诛謏及其子伯阳"。冉闵正想笼络胡人，当然不乐意接受韦謏的谏言，大怒之下，把韦謏和他的儿子都杀了。

所以说，冉闵的"杀胡令"，当然有为汉族复仇的用意，但他同时也想用杀胡人的行动来凝聚人心，同时向东晋政府示好。但是在这一政治策略没有取得明显效果的情况之下，冉闵还是要利用胡人的力量的。

冉闵最后是被前燕俘虏并杀死的。临死前，冉闵在前燕的君主慕容儁面前说："你们胡人都能当皇帝，我汉人为什么不可？"毋庸置疑，这番话体现出了他的民族情怀和民族气节，但是，这并不妨碍网上关于他的很多传言都是假的。

网上还有一个让我很不理解的现象——很多人会把一个时代的兴衰，完全归结于胡人的参与程度。好像哪个政权的执政者是纯汉人血统的话，这个政权就是强盛的，而如果有了胡人血统就一定是坏事。有些人说，安史之乱是民族矛盾。确实，安史之乱的头目安禄山是粟特和突厥的混血，史思明是粟特人，但在唐朝前期开疆辟土的过程中，胡兵胡将也起到了至关重要的作用。唐朝的名人中有相当多的胡人，在镇压安史叛军的队伍中也有为数众多的胡兵胡将，这一点我们也不应忽视。

另外一个在网上盛传的有关唐朝民族关系的传言，是说攻灭过西突厥和百济的名将苏定方，曾经击败吐蕃，占领拉萨，还火烧过布达拉宫。这是相当了不起的战绩，因为当时的吐蕃非常强大。但有意思的是，如此显赫的战绩只见于藏文著作，从未见于汉文的著作。很多人想不通，为什么连人家自己都承认的败仗，作为战胜方的却不承认，史书中也缺乏记载呢？有人说这是在有意打压苏定方，还有人说这可能只是汉文的史书缺载了。确实，唐朝的大多数书，现在都是看不到的。但是有些人的做法就很令人费解了，为了弥补这所谓的"缺憾"，他竟然决定自己造一条史料出来。

关于苏定方占领拉萨这件事，网上有人拿出过一本名为《唐书删补》的书。他们说这是清朝乾嘉学派所作，辑佚了唐朝一些已经散失的史料。书中将苏定方占领拉萨、杀死吐蕃首领等的过程描述得十分生动。其实这本书本来就是子虚乌有的，历史上根本不存在这么一本史料。而且，在这些人出示的"书影"中，所用的字体竟然是电脑字库的字体，这未免有些荒谬了。

苏定方确实跟吐蕃打过仗，而且还取得过以少胜多的大捷，在吐蕃大事年表中，吐蕃人也曾记载苏定方用千余人击败吐蕃八万大军的事。但是苏定方没有到过拉萨，更没有火烧过布达拉宫。

那么，为什么藏文史料中会记载这样一件事呢？按照中原人的思维模式，如果敌人吃了败仗，他们一定会对其进行讳言、掩盖，但凡将失败写进史料里，就一定是被迫承认的。既然敌人都被迫承认了，那这件事就肯定是真实存在的。但其实这是一种完全建立在中原人的思维模式上的历史观，吐蕃地区的人的思维模式不是这样的。

所谓"苏定方占领拉萨"，是唐朝以后的藏文佛教著作编造出来的故事。在故事中，吐蕃在位的赞普是芒松芒赞，这一时期，吐蕃内部存在原始的本教与佛教之间的竞争。之所以在后来这些藏文的佛教史料中，强调芒松芒赞时期出现了唐军攻占拉萨甚至火烧布达拉宫这样的事情，是为了渲染这样一个心理：因为他们不信佛法，所以遭到了报应，在唐军来攻打时失败了。因此，《新红史》《贤者喜宴》等书中出现的所谓"苏定方攻占拉萨"的说法，正经的史学著作都是一概予以否定的。

《西藏佛教史》把这个问题解释得非常清楚。书中认为，这一说法是把"薛仁贵任逻些道行军大总管"这件事，与"苏定方以少胜多战胜了吐蕃"这件事合二为一，再加上佛教徒渲染的"不信佛法遭报应"的心理，编造出来的故事。因此，编造出"苏定方占领拉萨"这一"史料"，不是什么"敌人被迫承认了他们的失败"，而是人家按照自己的思维模式做出的决定。我们需要换位思考，才能理解这件事背后的逻辑。

此外，网上还有一种历史观，认为"但凡和亲就是对外族低头，就是我汉民族的耻辱"。这种思维模式是建立在男尊女卑的视角基础上的。只有把女性视为私有财产，才会有"将财产送给别人是耻辱，将财产据为己有是光荣"这样的思维模式。送公主出去和亲这件事是不是国耻，需要辩证看待。

首先，要看和亲是在什么情况下发生的。如果是敌人兵临城下时被迫和亲，这确实是耻辱；在古代，和亲只是外交的手段，那么这种和亲就不是国耻，而是外交手段的一部分。比如，汉朝在平城、白登之战中败给了匈奴，只好不断用和亲的办法来笼络匈奴，这确实是国耻。但唐朝就不见得了。唐太宗时期是唐朝的强盛时期，军力也超群，可以说是无往而不胜，但是唐太宗对于和亲的看法相当宽容。他认为如果能用和亲达到目的，就没有必要用军事手段。他说："北狄风俗，多由内政。亦既生子，则我外孙。不侵中国，断可知矣。以此而言，边境足得三十年来无事。"意思是，北狄的特点是家里女人说了算，假如我把唐朝宗室女嫁过去，以后生的孩子就是我的外孙，而政令多出于母后，这种情况下两国天然就和好了。嫁一个公主过去，起码能够换三十年和平，何乐而不为呢？所以，他经常用和亲这种办法来处理外交关系，比如跟吐蕃之间就是这样。

所以，在唐朝，尤其是唐朝前期的很多和亲，并不能视之为卑躬屈膝、对异邦屈服，它是外交政策的一个重要组成部分。但后来唐朝国力衰弱，用和亲来换取少数民族的支持的事也是有的。正如前面所说的，唐朝在安史之乱后多倚靠回鹘，因此皇帝至少三次嫁亲生女到回鹘，就是为了换取人家的支持。

其次，不能光看到我们的公主嫁到外族去，外族也会把公主嫁到中原来，虽然没有我们嫁出去的多，但也还是有的。比如南北朝时期，西魏文帝就曾经迎娶过柔然的公主，而柔然又把另一个公主嫁给东魏，两头都不得罪。当然，西魏和东魏都是胡化的政权，但此时经过北魏孝文帝改革，鲜卑人虽然还保留了一部分胡化的因素，但至少从文化体系上来说已经属于汉族了。还有北周武帝，他的皇后阿史那氏就是突厥人。

到了唐朝，也同样有这样的事。武则天时期，东突厥的默啜可汗主动提出要把女儿嫁给唐朝的宗室，但武则天派去迎娶默啜可汗女儿的是自己的侄子武延秀。这惹得默啜可汗大为不满，他认为只有李氏的子弟才跟他的女儿相配。这件事虽然引发了外交冲突，但还是外族首领要嫁自己的女儿到中原来的例证。所以说，和亲这件事需要辩证地看待，不要一味视之为国耻。

网络时代是一个扁平化、去权威化的时代，大家都可以发言。网上的科普就是这样，有的观点由于立场非常鲜明，给人一种耳目一新的感觉，似乎很吸引人，但越是这样的时候我们越需要警惕。网络上的很多言论为了追求"语不惊人死不休"，会失去真实性和公正性，但我们还是要用一种公正平和的心态来看待历史。

第五章

叛乱背后：安禄山为啥要养八千义子？
揭开不一样的大唐文明史

安史之乱是中国历史上的一件大事。那么，安史之乱究竟是怎么爆发的？这是不是民族之间的仇杀？跟杨贵妃究竟有多大的关联？除了我们耳熟能详的导致唐朝由盛转衰之外，安史之乱还有哪些影响？这一章，我们就来谈谈这个话题。

首先，我们来谈一谈安史之乱究竟是怎么爆发的。网上有这样一种观点，认为安史之乱是民族仇杀。有一次我在宁波举办一个讲座，在讲座中提到了安史之乱。在观众提问环节中，就有一个观众说："我认为安史之乱就是民族仇杀，非我族类，其心必异。"如果把历史上的一切的事情，都这么简简单单地用血缘来进行判断的话，历史分析就变得太简单了。事实上，这是一个非常复杂的问题。

安史之乱中确实有民族矛盾。单看安禄山、史思明这两个名字，就可以看出他们的姓都属于"昭武九姓"。安禄山本人是粟特和突厥的混血，史思明是粟特人，他们手下的很多核心骨干也是胡人。但安史之乱爆发的主要原因并不在于民族矛盾，而是因为经济基础变化引发了兵制变化。这种变化被野心家利用，才造成了这样的局面。

说到这个话题，我们就必须把历史往前回顾很长一段时间。在西魏时期，宇文泰创建了府兵制和八柱国制度，他的根本目的是最大限度地集合关陇地区的人力、物力资源，用来跟东魏对抗。府兵制建立的基础是均田制，均田制把土地分配给了农民，而享有了权利的农民就要对国家尽义务，给国家服兵役。征调上来的府兵交给全国数百个兵府管理，而这些兵府的部署很有讲究——"内重而外轻"，这是关陇集团军功贵族集团特色的展现。

他们高度重视兵权的集中化管理，府兵征调上来之后，绝大多数的兵力都部署在首都的附近，由八大柱国与十二大将军直接掌控，而在边境上仅部署少量的警备部队，这就叫"内重外轻"或者"居重驭轻"，意思就是高度集权，防止地方作乱，有利于关陇集团核心集团的统治。

但是问题在于，到了唐玄宗时期，历史背景已经发生了巨大的变化，均田制走向了崩溃。其实均田制从创立的第一天开始，就已经注定了这样的结局。原因很简单，均田制创立的前提是国家掌握了大量的无主荒田。国家手头有资源，人口又不够多，在这种情况下，均田制才能成功施行。可是到了盛唐时期，情况与北魏有了本质上的变化，人口总量呈几何级增长，土地增长速度远远赶不上人口增长速度，所以均田制的崩溃是迟早会发生的。而且，这样的情况不是到唐玄宗时期才出现的，在唐高宗和武则天时期，就已经出现了大量的"浮逃户"。所谓的"浮逃户"，就是脱离了国家户籍控制的人口。这些人之所以要脱离国家户籍控制，就是因为没有土地了，贫困化了，担负不起赋税和徭役了。

　　均田制的崩溃，导致了府兵制的瓦解。到了开元中期，国家基本上已经无兵可调了，兵源出现了问题，只得将府兵制改为募兵制。募兵制，其实就是国家职业军役制，国家雇人来当兵，并给予其很高的经济待遇。表面上看，这个措施很有效，能够在短时间内解决兵源的问题。唐玄宗把用这种形式招来的兵称为"长征健儿"。为什么呢？因为当时对外战争频繁进行，这些兵员主要被分配到边境地区，交给十个节度使统管。这意味着，西魏宇文泰时期的"内重外轻"，到了唐玄宗时期变成了相反的"外重内轻"。边境节度使权力坐大，中央腹心空虚，这种局面最后被野心家所利用，这就是安史之乱爆发的一个主要原因。

当年的关陇集团一直注意维护这种"内重外轻"的局面。以隋文帝为例，隋文帝跟他儿子隋炀帝不一样，隋炀帝是关陇集团的叛徒，而隋文帝是一个彻头彻尾的关陇集团的皇帝。他不仅在核心集团里全部任用关陇人士，还改革府兵制度，重新设置军府。改革后的士兵被称为"卫士"，主要任务就是轮番到京城戍守，或者到边境上去戍边。

开皇十年（590年）五月，隋文帝下诏："凡是军人，可悉属州县，垦田籍账，一与民同。军府统领，宜依旧式，罢山东、河南及北方缘边之地新置军府。"诏书下达于开皇十年，而开皇九年（589年），隋文帝办了一件大事——他灭掉陈朝，统一了中国。在这种情况下，诏书的最后一句话成了关键。

当年北周为了灭北齐，隋朝为了对付北方的突厥和南方的陈朝，都曾经在长安以外设置很多新的军府，使原本"内重外轻"的局面有所改变。不过隋文帝在完成了统一中国的历史任务之后，又立刻撤了那些新置的军府，回到了"内重外轻"的基本局面上。隋文帝这一行为，就是典型的维护"内重外轻"局面的关陇集团皇帝的行为。

有些人觉得时过境迁，老办法到了眼下是不管用的。但事实证明，老办法既然存在，就有它存在的理由。唐玄宗觉得原先那套已经过时了，于是改弦更张。为了解决无兵可调的问题，唐玄宗在张说的建议下，在关中地区施行募兵制，成功解决了中央禁军的兵源问题。后来，又在李林甫的主持之下，进行了"长征健儿"改革，将从全国招募来的这些军队主要部署在边境地区。由于给予的经济待遇较高，愿意来从军的不仅有汉人，也有很多边境的胡人。他们本来就有浓厚的尚武风气，此时又有利诱，当然愿意来入伍了。

在这种情况下，也就能够解释为什么安禄山、史思明手里会有那么多胡兵胡将了。唐朝天宝年间，全国的兵员有九成被分配给了十个节度使，而安禄山一个人兼任范阳、平卢、河东三镇节度使，管辖范围跨越了今天辽宁到河北、北京、山西、内蒙古南部这么一大片区域，手里兵员众多。到安史之乱前，全国共有兵六十万左右，而安禄山一个人手里就掌握了十八万以上，并且有学者怀疑这只是兵籍上的数字，安禄山为了造反，可能还蓄积了更多的兵力。这样算下来，安禄山手里掌管的兵力，有可能已经占到了全国的三分之一。而且，这里常年处于边境战争的前线，民风彪悍，兵员素质很好。

需要强调的是，这些兵都是百战精英。因为安禄山的军队在范阳地区是对"两蕃"（契丹和奚）作战的，在这个过程中屡经战阵，实战经验非常丰富。即便如此，安禄山仍然不觉满足。

他曾经想兼并王忠嗣的西北边防军，未遂后又想兼并阿布思的骑兵，这次得逞了。这是他的一大胜利。

人心不足蛇吞象。仗着当时唐玄宗的宠信，他的魔爪又伸向了国家牧场——他要掌握国家的马匹资源。马匹对于那个时候的国家来说是重要的战略物资，骑兵部队就相当于现在的装甲部队。安禄山向皇帝提出请求，要求担任闲厩使、陇右群牧使。这两个职位都是掌管国家马场的，尤其是陇右群牧使的职位非常重要。

当时唐朝的国家牧场主要集中在陇右地区，那里有八个大型的国家牧场，饲养着数十万匹战马。安禄山看中了陇右地区的牧场，可这里属于陇右节度使的地盘，如此做法必定会引起西北边防军的不满，但唐玄宗竟然答应了他的请求。唐玄宗犯糊涂的事很多，这就是其中一件。安禄山当上陇右群牧使后，在八大牧场挑选了几万匹上等的宝马，全部赶往范阳，这些宝马都成了他后来起兵的资本。

除此之外，安禄山还在范阳以北筑了一座雄武城，对外宣称是用来对付"两蕃"的，实际上他是把那里变成了自己重要的军事基地和仓库。雄武城里有堆积如山的粮食和海量的兵器，还常年蓄养一万五千匹战马，这就是他未来反叛的大本营。作为胡人，他还充分利用了胡族的风俗，收养了大批的"假子"。

在胡人的风俗中，上下级之间流行建立"养父养子"的关系。他们一旦收谁为"假子"，也就是养子，他们与养子在上下级关系之外，就又多了一层私人关系——儿子要效忠于父亲。说白了，安禄山收养假子，就是为了给自己建立一支私人武装。之所以这么说，是因为他足足收了八千名假子。他将这支私人武装称为"曳落河"，就是胡语中"壮士"的意思。这些假子里有同罗人、奚人和契丹人。他给予这些人极高的礼遇和丰厚的经济待遇，笼络他们的人心，所以这些人死心塌地地为他服务。另外，他还有百余"家僮"。这些"家僮"，并不是电影里那种不着调的家僮，而是一支私人精锐护卫队。他们个个身经百战，号称"以一当百"。

要打仗，没钱不行。所以，除了用假子来建立私人武装之外，安禄山还利用胡人身份，笼络了很多丝绸之路上的主力军——粟特胡商，为他筹措军费。而且，唐玄宗还把财权下放，允许安禄山在上谷郡设置五座铸钱炉，让他拥有了铸币权。这等于把国家造币厂交给了安禄山，所以安禄山在反叛之前，在财政上也做好了准备。

安禄山的假子们是胡人，背后的胡商也是胡人，为了笼络和团结这些胡人，他还利用了宗教。荣新江先生等学者考证认为，安禄山、史思明都充分利用了祆教。祆教又叫"拜火教"，很多粟特人都信仰它，因此它成了安禄山等人用来笼络人心的主要工具。安禄山的母亲本身就是一位祆教的女祭司，所以利用宗教手段对于安禄山来说轻车熟路。

在人事上，安禄山也有精心的准备。他知道要想成大事，就不能光有武将，文武两方面都要有准备。所以他手下聚集了很多失意的汉族文人，比如高尚、严庄、张通儒等，还有孙孝哲、史思明、尹子奇、田承嗣等一批骁将。

总之，安禄山做好了反叛的一切准备，最后掀起了安史之乱。

前文阐述了经济基础引起的上层建筑变化等诸多导致安史之乱发生的因素。那么，杨贵妃需不需要对安史之乱负责呢？在我看来，说杨贵妃跟安史之乱完全没关系，这是不客观的。

在安史之乱中，杨贵妃要承担的是用人方面的责任。她虽然没有做过干政的事，但是她的裙带关系导致了杨国忠的上台。我特别反对用"好"与"坏"来评价历史人物，历来认为每个人都有善的一面，也有恶的一面，人不能单纯用好坏来衡量。但有一个人是例外，那就是杨国忠。这家伙坏得纯粹，那是一种不留死角的坏，在他的能力、品行、性格等各个方面，几乎找不到任何闪光点。

唐玄宗晚年重用了杨国忠，而杨国忠被认为是逼反安禄山的主要原因。在马嵬坡兵变中，将士们之所以在杀了杨国忠之后，还要逼死杨贵妃，是因为当时禁军说的话给杨贵妃定了性——"贼本尚在"。这里的"贼"指的是杨国忠。杨贵妃不是贼，但她是贼的根本，没有她就没有贼。所以我认为，杨贵妃承担的是次要的、间接的责任。

唯物史学出现之前的那些历史学家，常有这样的毛病。他们宣扬"红颜祸国论"，王朝一衰败，就要看看能不能找个女人当"背锅侠"。在他们看来，盛世需要美人点缀，乱世需要美人背罪，还说什么"从此君王不早朝"。从此君王不早朝，难道不该问一下君王的责任吗？是谁让他不早朝呢？

安史之乱的发生，杨贵妃起到的作用绝对是次要的，主要责任必须由唐玄宗本人来承担。当然，有些事情是唐玄宗自己改变不了的，比如均田制的崩溃，均田制的崩溃是必然的。但唐玄宗的责任也很大，他没有勇气通过"由以丁身为本转向以资产为宗"这种壮士断腕般的税收改革来改变经济基础，这是他的一大失误。

说唐玄宗要负主要责任还有一个原因，就是唐玄宗搞了几十年的政治，按理说政治经验应该非常丰富，但他却犯了很多难以挽回的错误。唐玄宗很聪明，是中国历史上少见的全才皇帝，无论是在政治才干、个人勇气方面，还是艺术才华方面，都是一等一的高手。但就是这么一个高手，一手创造了唐朝最辉煌的盛世，又一手把唐朝推入地狱。

除了宠幸奸臣外，唐玄宗还犯了一个巨大的错误——他的平衡术"玩脱了"。我们都知道有一句话叫"家和万事兴"，朝中应该团结一致，不搞派系斗争，这样国家才能兴盛。但唐玄宗不是这样想的，他有意在朝中培养多股势力，让他们互相斗争，而自己居中制衡。他认为朝臣们斗得越厉害，就越想获得胜利；越想获得胜利，就越依靠皇帝，皇权也就更加稳固。所以，他先后扶持过以张说、张九龄为代表的文学集团，这种人的特点是以科举为进身之资本；以宇文融、李林甫为代表的吏才集团，他们是从地方官吏靠着政绩一步一步晋升上来的；以杨国忠家族为主的外戚集团；以安禄山为代表的东北边防军集团；以哥舒翰为代表的西北边防军集团等。唐玄宗是玩平衡术的高手，他让各派都保持"饿不死"也"吃不饱"的状态，也就是朝中同时至少要有两股力量互相制衡，谁弱他就扶谁一把，谁强他就踩谁一脚，让谁都不至于消失，谁也都不可能取得最后的胜利。

比如李林甫，李林甫在宰相之位长达十九年，是唐玄宗所有宰相中任职时间最长的。但是每当李林甫战胜某个集团，眼看就要大获全胜、满盘皆赢的时候，唐玄宗都会为他"踩上一脚刹车"，让他不能完全如愿，因为唐玄宗知道朝中要有多股力量的制衡。在李林甫死了以后，得势的是杨国忠。为了不让杨国忠一家独大，唐玄宗在朝中扶持安禄山，与杨国忠之间形成制衡。与此同时，他也在军中用哥舒翰来制衡安禄山。可是就在安史之乱前，哥舒翰患了中风，半身不遂了。所以这时，朝中主要斗争力量就只剩下了安禄山与杨国忠。

为什么说唐玄宗最后"玩脱了"呢？原因就在于他最后引入了边将集团。唐玄宗忽略了一个问题：边将和朝中其他的大臣是不一样的。朝中的大臣只能依靠皇帝，他们的权力和资源都来自皇帝。可募兵制之下的节度使不一样，他们手中有地盘，有军队，有财权，有人事权，俨然就是一个个"土皇帝"。唐玄宗没有意识到，在把他们引入朝中斗争之后，一旦他们在政治斗争中居于下风，就很可能会铤而走险，利用手中的一切资源来追求翻盘。所以，当安禄山在政治斗争中居于下风、眼见将要败给杨国忠的时候，他最后选择的就是铤而走险，掀起了叛乱。

安史之乱不仅让唐朝走向了衰落，也展现了唐玄宗人生的跌宕起伏。唐玄宗的一生充满了传奇色彩，前半生才干超强，领导着整个国家达到了一个巅峰状态；后半生在成绩面前失去了锐意进取的精神，放弃了对更好的追求，用修修补补的"小手术"来医治眼前的"大病"，最后丧失了改革的良机。而兵制的变化最终导致他不得不进行募兵制的改革，募兵制的改革又彻底改变了关陇集团"内重外轻"的基本局面，最后局势被野心家所利用。

这也告诉我们一个人生的道理，一个人也好，一个时代也好，最需要警惕的不是吃苦受累的时候，而是高歌猛进的时候，因为成绩和盛世会掩盖矛盾与危险，会让人麻痹。"居安而思危"这句老话放在任何时代、任何人身上都永远不过时。

安史之乱除了导致唐朝由盛转衰外，还使唐朝的疆域大大缩小。当年为了平定安史之乱，北庭、安西、河西的边防部队纷纷进入内地勤王，其中很大一部分将士牺牲在了战场上，导致整个西北地区防务空虚。吐蕃乘虚而入，占据了河西走廊，后来又占据了整个西域地区，从此中原王朝失去了对西北地区的控制，直到宋朝也没能收回来。安史之乱对我们整个疆域的变化造成了极其恶劣的影响。

另外，安史之乱还带来了一些耐人寻味的变化。安史之乱时期是继永嘉之后中国人口的又一次大南迁时期。因为战乱主要集中在北方地区，南方相对而言比较安宁，所以很多人都往南方迁徙，杜甫就是一个典型。为了躲避战乱，杜甫从关中地区到了甘肃，从甘肃到了四川，后来又想去湖南投亲靠友。

人口的大量南迁带来了一个意外的正面结果。中国有五千年文明史，其中的前四千年，都是北方在经济、文化等各方面全面领先于南方。中国经济重心彻底完成由北方向南方的转移，被认为是南宋时期的事，但源头其实要比这早得多。现在学界一般认为南方的开发是从魏晋南北朝起步，在唐朝达到了一个新的高度。尤其是安史之乱，给南方带来了意外的好处。中国的南方地区，尤其是岭南地区，原本经济、文化都很落后，但南迁的众多人口中有很多技术型人才和经验丰富的农民。他们到南方之后，使得南方很多地区得到了长足的开发，南方的经济就此开始一步一步后来居上，到了南宋，彻底完成了中国经济重心由北向南的转移。

安史之乱还对宋朝的政治产生了巨大的影响。安史之乱带来了藩镇割据，五代时期，藩镇割据达到了巅峰。正如安重荣所说，皇帝是"兵强马壮者为之"，也就是说，想决定由谁当皇帝，就要比谁拳头大，比谁手里的兵多。五代时期的王朝都是靠着武力夺取天下的，赵匡胤本人也是军将夺权上位的。所以到了北宋建立的时候，赵匡胤就想扭转这个现象，这才有了著名的"杯酒释兵权"的故事。杯酒释兵权，实际上就是赵匡胤用自己身边的新贵集团取代原来的后周旧臣，把兵权收归中央，掌握到自己和亲信的手里，并从节度使手里夺取财权等的一系列重要举动。

赵匡胤还定下了"扬文而抑武"的政策。宋朝在文治方面可以说是功绩赫赫，这是宋朝"扬文"带来的结果。不过什么事都不是尽善尽美的，宋朝的确解决了藩镇割据的问题，强化了中央集权，但"扬文抑武"也为宋朝带来了武力羸弱的恶果，所以宋朝对外作战多有失败。岳飞之死，除了宋高宗和秦桧的私心之外，还有一个重要的原因，是岳飞犯了宋朝政治的一大忌讳——他在军队当中的威望太高了，尤其是"岳家军"的称号喊出来，对他的命运只会产生负面的影响。因为从立国的政策来说，宋朝特别警惕这种军队的私人化，在他们看来，这叫"吸取历史教训"，而带来的结果就是民族英雄岳飞的冤死。

在这短短的一章中，想把安史之乱对方方面面的影响都说到是不可能的。但必须要强调的是，安史之乱对于中国的影响是全方位的，它影响了政治，影响了军事，影响了民族关系，影响了疆域，影响了地域的开发，也影响了后世的思想。这个思想不仅有政治思想，还有哲学思想，乃至文学思想等诸多方面。所以说安史之乱堪称中国历史的一个里程碑。

| 第六章 |

转折之战：怛罗斯之战是中华民族命运转折点？

　　我们这一章继续聊一个跟民族关系有关的话题——怛罗斯之战。关于怛罗斯之战，网络上有很多盛行的观点，我们就从这些观点入手来看一看。

　　怛罗斯之战是鼎盛时期的唐帝国与鼎盛时期的阿拉伯帝国在中亚地区发生的一场正面冲突，双方各投入了数万人，最后的结果是唐军战败。网上盛行一种说法，说这场战役是中华民族的命运转折之战，从此以后，唐朝由盛转衰，中国失去了对西域的控制权，一直到几百年以后才重新要回来。这种说法我们绝对不能赞成。

　　这场战役的过程的确是这样，但是怛罗斯之战并不像我们想象的那样具有那么重大的影响力。唐朝的实力在这场战役当中没有受到根本性的损伤，这场战役也称不上是两大帝国之间的一场决战。唐朝损失的只是局部利益，甚至在这场战役结束之后，唐朝在整个西域地区采取的仍然是攻势，而不是守势。真正导致唐朝由盛转衰，乃至退出西域地区的主要因素，还是安史之乱。由于两个历史事件间隔只有四年多的时间，导致人们错误地归因，认为怛罗斯之战是西域的转折点，但其实不是的。讲了半天，我们又回到了课本的老观点上去了，老观点虽老，但是好多是完全站得住脚的。

怛罗斯城位于今天哈萨克斯坦的塔拉兹市。那么怛罗斯之战发生在哪里？可能有人想当然地认为，怛罗斯之战就应该发生在怛罗斯城，实际上不是的。根据林梅村先生《西域考古与艺术》中"怛罗斯城与唐代丝绸之路"一章的介绍，怛罗斯之战的主战场并不在怛罗斯城外，而是在怛罗斯河上游的阿特拉赫城附近，那就出了国了。怛罗斯城在现在的哈萨克斯坦，而阿特拉赫城在现在的吉尔吉斯斯坦。怛罗斯河乃是唐朝势力向西发展的一个极点。

这场战役与阿拉伯势力的东扩是密切相关的。在伊斯兰教兴起以后，阿拉伯帝国的发展简直是突飞猛进，对欧洲、亚洲都有征服的行为。当时他们灭掉了波斯萨珊王朝，萨珊王朝的末代君主曾经向唐高宗求援，但是高宗听了之后表示拒绝，理由是路远。事实上，萨珊王朝的存与亡对于唐朝来说没有根本性的影响，让唐朝的军队远征到波斯去作战也不现实。王小甫先生写的《唐、吐蕃、大食政治关系史》里边就认为，唐朝从一开始就不打算在葱岭以西和大食进行直接对抗。

外文史料也可以佐证这一点。塔巴里《年代记》记载，当时波斯萨珊王朝的末代君主伊嗣俟派出使者，向突厥可汗转述他与唐高宗的对话。波斯的使者向唐高宗求援，高宗就问："大食人在同你们开战之前，对你们说了什么？"使者回答说："他们要求我们在三种情况当中选择一种，要么选择改信他们的宗教，要是我们应允，他们就把我们当作自己人；要么缴纳人头税；要么开战。"人头税，有的地方也可以翻译成"信仰税"。伊斯兰教在扩张的过程当中，并没有强行让被征服的人民都信伊斯兰教，如果他们要保持自己的宗教信仰，可以交税，而皈依伊斯兰教就不用交税。

《旧唐书》关于这件事的记载是这样的，伊嗣俟向唐朝求援未果，后来被阿拉伯人杀了。他的儿子卑路斯也向唐朝求援，唐朝还派大将裴行俭带兵送卑路斯回去，册封他为波斯王。唐朝表面上看起来好像准备跟大食对抗，但是裴行俭醉翁之意不在酒，他拿这件事当幌子，根本目的则是西突厥。在征讨西突厥的目的达到了之后，就以路远为名，不送卑路斯回波斯了。卑路斯就这样留在了中亚。而且，史料记载还不一致。按照《旧唐书·裴行俭传》的记载，卑路斯实际上已经死了，这次送的并不是卑路斯，而是卑路斯的儿子尼涅斯。在波斯萨珊王朝被灭的过程当中，唐朝并没有打算跟新兴的阿拉伯帝国展开正面的对抗。

开元二十三年（735年）至二十四年（736年），唐朝、大食还约定共同夹击今天新疆伊犁地区的突骑施和吐蕃，换句话说，唐跟大食在西域地区还有过合作。但是到了天宝年间，双方还是爆发了冲突。

怛罗斯之战的起因，按照传统的说法，是西域藩国石国对唐朝"无蕃臣之礼"，安西节度使高仙芝领兵征讨石国，石国投降，唐军接纳。但是高仙芝出尔反尔，违背承诺，不仅攻占了石国的城池，还烧杀抢掠，把石国的国王送回内地，然后斩首。唐军在石国的行为引起了西域其他国家的不满，侥幸逃脱的石国王子向阿拉伯人求援，大食就介入了这件事。最后高仙芝决定先下手为强，于是唐朝、拔汗那、葛逻禄三国联军三万多人（也有说是七万多人），长途奔袭七百余里，在怛罗斯与阿拉伯军队相遇。高仙芝本来是想打阿拉伯军队一个措手不及，但是事实证明，阿拉伯对这场战役准备得还是蛮充分的。

毕波先生写的《怛逻（罗）斯之战和天威健儿赴碎叶》梳理了整个战役的过程。为什么唐朝要跟石国作对？首先，石国跟唐朝的盟友拔汗那国作对，唐朝实际上是为了给拔汗那国撑腰才打石国的。这也就解释了为什么后来在与阿拉伯军队的作战当中，拔汗那国的军队始终跟唐军紧密配合。在当时西域诸国当中，拔汗那国始终死心塌地地跟着唐朝，就是因为唐朝替他们拔了眼中钉、肉中刺。

根据吐鲁番出土的《唐天宝十载客使文卷》的记载，在战争之前，唐朝与拔汗那国之间的外交往来就已经非常紧密，唐玄宗还给拔汗那国赐过"宁远国"的新国名。其实拔汗那国在汉朝有一个更有名的名字——大宛国。汉武帝时期，汉朝跟大宛国之间有一场纠葛，甚至爆发了战争，因为汉武帝向人家要汗血宝马。拔汗那国位于锡尔河流域的费尔干纳盆地，由于与唐朝之间关系友好，天宝三载（744年），唐玄宗不仅给拔汗那国赐国名"宁远"，还给国王赐了"窦"姓。窦姓，李隆基从不轻易赐给别人，因为他母亲姓窦。所以赐窦姓给拔汗那国国王，也就算得上是一种恩宠。

此外，由于石国与当时以碎叶川等地为核心基地的突骑施之间相互勾结，触动了唐朝在碎叶川一带的利益，唐朝对石国也很不满。

在《册府元龟》当中还体现出了一个事实：当时唐朝还派出了另外一支军队——天威军奔赴碎叶。换句话说，高仙芝和天威军兵分两路，互相策应，这是一个整体的行动。

薛宗正先生写过一篇《怛逻（罗）斯之战历史溯源——唐与大食百年政治关系述略（651—751）》，他认为唐朝之所以要去打大食，与大食当时改朝换代密切相关。再加上因为要征讨石国，北庭节度使攻击碎叶，俘虏了黑姓突骑施可汗。这些因素综合在一起，导致唐朝与大食之间兵戎相向，爆发了怛罗斯之战。

薛宗正先生认为唐朝当时是与黑姓突骑施为敌，但是别的学者认为与唐朝为敌的不是黑姓突骑施，而是黄姓突骑施。突骑施分为黑姓、黄姓两部分，这两个是死对头。这个问题我们暂且不论，但怛罗斯之战的起因，绝非史料当中记载的"石国国王无礼"这种牵强的理由。

王小甫先生认为，从开元到天宝年间，唐朝在西域的主要对手并不是大食，而是吐蕃。到了后来，唐朝与突骑施之间的矛盾则显得更突出一些。当时唐朝在西域地区的一系列行动，其实主要是针对吐蕃与突骑施的，与阿拉伯之间的冲突，多多少少有点计划之外的意思。而且，唐朝究竟是与黑姓突骑施为敌，还是与黄姓突骑施为敌，这个问题在史学界还是有争论的。日本的前嶋信次先生就认为，高仙芝擒获的应该是黄姓突骑施所立的石国的可汗，换句话说，唐朝对付的是黄姓突骑施。石国跟黄姓突骑施之间是盟友，而唐朝刚开始是支持黄姓突骑施的，后来转而支持黑姓突骑施了。究竟是黑姓突骑施与唐朝交好，还是黄姓突骑施与唐朝交好，中外学者有不同的观点。

高仙芝要发动怛罗斯之战，正因为这是一系列军事行动当中的一环，与平石国、破九国胡、背叛突骑施这些事儿是联合在一起的。而且这是持续多年的行动，起码持续了两年多，最后落实在了怛罗斯之战上。

而当时的阿拉伯帝国虽然内部政局有不稳的迹象，但是军事实力还是相当强大的。7世纪后半叶，伊本·优素福被任命为伊拉克的总督，他派出了两名大将，鼓励他们展开一场竞赛，许诺谁先踏上中国的领土，谁就做未来中国的长官。这两名大将在阿拉伯的历史上相当有名，穆罕默德·伊本·卡西木和屈底波·伊本·穆斯林。当然，这也就是画个大饼，难道他们还真能征服中国吗？恐怕没有那个实力，但是要鼓励一下。于是屈底波征服了阿姆河流域的撒马尔罕等地区，穆罕默德征服了北印度地区。当屈底波征服阿姆河流域之后，阿拉伯的势力就和唐朝的安西四镇接壤了，双方的冲突也就势不可免了。后来发生的事，就是史书当中所记载的那样了。

怛罗斯之战爆发的时间确实是在天宝十载（751年），但究竟是几月份，各种史料中都语焉不详。我们用阿拉伯的史料来进行考证，认为爆发的时间点应该是天宝十载八月。

怛罗斯之战具体的过程，实际上比较错综复杂，唐朝不是直接败于阿拉伯军队之手，而是败于内部出现了叛徒，就是葛逻禄。葛逻禄是一个突厥语系的游牧民族，从大的族源上来说属于铁勒人，他们的地盘位于北庭都护府西北方向、阿尔泰山以西这个范围内。葛逻禄这个部落，恐怕他们当时跟唐朝联手的时候，就心不甘情不愿的。他们临阵倒戈，一方面是他们原本就对高仙芝不满；另一方面，有人推测葛逻禄一直在持观望态度，看谁最后能胜利，就倒向谁。到了第五天的时候，可能是看到唐军渐渐居于下风了，葛逻禄就决心站到阿拉伯那边去了。之所以是推测，是因为阿拉伯和唐朝的史料，对于整个战役的进行过程都是语焉不详的。

当时高仙芝率领着唐、拔汗那、葛逻禄联军来到怛罗斯，和大食军队相遇，双方连续作战五天，相持不下。到了第五天的时候，葛逻禄临阵倒戈，与大食来了个里外夹击，唐军由此大败，损失惨重，几万人中才活下来几千人，还有很多人被俘。大将李嗣业护送着高仙芝逃跑，那叫一个狼狈。山路上全是逃跑的拔汗那国士兵，李嗣业为了给高仙芝开道，手持大棒，在前头打死了许多拔汗那国的士兵，这才给高仙芝开出一条路来。李嗣业后来在史籍当中以"陌刀将"著称，在平定安史之乱的过程当中，也是唐朝数得上的猛将。

唐朝在中国历代王朝当中可以称得上是武力最强的朝代之一了。除了爱国主义和荣誉感之外，对钱财的渴望也是军队战斗力的来源之一。

贞观十九年（645年），唐太宗伐高丽的时候，曾经有一座高丽山城表示要投降，唐太宗决心接受，但是大将李勣表示反对。李勣说："战士奋厉争先，不顾矢石者，贪房获耳。今城垂拔，奈何更许其降，无乃辜将士之心乎？"这是《旧唐书·高丽传》里的原话，意思就是说战士为什么奋勇作战呢？就是贪图城里边的钱财，现在城都快打下来了，人家说投降，你就接纳了，既然是投降，我们就不好抢人家了，你说士兵们伤心不伤心？

唐太宗听了之后，并没有说李勣的思想龌龊。唐太宗说："将军言是也。"就是承认李勣说得有道理，但是他不想搞这一套，所以唐太宗提出用国库的钱赏赐将士，等于是用赎买的方式来解决这个问题。他并没有正面批评李勣"贪房获耳"这句话，由此可见，唐军当时的风气就是这样的。

到了高仙芝这个年代，唐朝的军队已经是职业兵役制了，士兵是拿工资的，但谁会跟钱过不去呢？因此高仙芝军队在作战的过程中，往往伴随着劫掠，恐怕也不是偶然的现象。

关于这场战役，阿拉伯人也有自己的记载。麦格迪西在《肇始与历史》中说，起初布哈拉地区爆发了起义，阿拉伯的军队前去镇压，后来齐亚德·伊本·萨里（怛罗斯之战当中阿拉伯军队的前线总指挥）继续挺进，一直挺进到怛罗斯。"于是中国人出动了，发兵十余万人，赛义德·本·侯梅德在怛罗斯城加强城防，阿布·穆斯林则在撒马尔罕的军营中镇守，大批将领和招募来的兵士聚集在赛义德（怛罗斯城）那里，他们分几次将他们（指大唐联军）各个击败，共杀死四万五千人，俘虏二万五千人，其余纷纷败逃。"

在阿拉伯史料中还记载了另一件事：高仙芝战败之后，却比战胜他的齐亚德·伊本·萨里活的时间更长。这是怎么回事呢？齐亚德·伊本·萨里在战胜唐军之后，与他的长官阿布·穆斯林之间产生了矛盾。他出示了一封不知真伪的来自阿布·阿巴斯的信，上面说要任命齐亚德·伊本·萨里为呼罗珊的总督。阿布·穆斯林一听就恼了，于是发动政变，把齐亚德·伊本·萨里给杀了，把他的首级送给了阿布·阿巴斯。这位战胜唐军的阿拉伯功勋之臣，在战役结束之后不久，就在政治斗争当中被杀了。

在阿拉伯历史学家伊本·阿西尔写的《全史》当中也有类似的记载，说拔汗那国的国王求援于唐朝的皇帝，唐朝派出了十万大军围攻石国，石国的国王向唐朝的皇帝乞降。阿拉伯的军队得知消息之后，在怛罗斯川与唐朝的军队发生了冲突，杀死唐军约五万人，俘虏了近两万人，其余的唐军逃回了中国。这话就有点夸张了，无论在什么史料里，唐军的总数都不可能达到十万人之多。

网上的传言说，从此以后唐朝在西域地区失去了领导的地位，中华民族的命运由此发生了转折。这话说得过分了。唐朝是战败了，但是这场战役对于唐朝的国力来说，没有什么根本性的损伤。在唐朝四面开疆拓土的这一百多年的历史当中，遭遇过比怛罗斯之战更为惨烈的失败，但也没有伤筋动骨，也能够迅速复原。而且，这场战役是因石国而起的，但石国国王在怛罗斯之战两年之后的天宝十二载（753年）就向唐朝皇帝示好，表示已经从大食手中夺回了部分的领土，要向唐朝效死输忠，唐朝还给予他表彰，册封他为怀化王。

白寿彝先生写的《中国伊斯兰教史存稿》中说："怛罗斯战败后，中国国势却也并不遂'绝迹于西方'。"王小甫先生也说，在怛罗斯之战战败之后，唐朝在西域还保持着相当庞大的势力，甚至在青藏高原和西北地区还保持着攻势。唐朝在青藏高原上，拔除了吐蕃的洪济、大漠门等城，收九曲部落；在西域地区，封常清天宝十二载（753年）破大勃律，天宝十三载（754年）破播仙，这哪像是受到了根本性的损伤？实际上唐朝在西域命运的转折点，还是几年以后爆发的安史之乱，这才是关键当中的关键。历史是不容假设的，但假如没有安史之乱，可以想见在整个西域地区，唐朝还是保持扩张态势的。

最后我们说一个问题，怛罗斯之战还有一个意外的效果，就是促进了中国造纸术的西传。造纸术是中国的四大发明之一，中国发明纸张之后，传到了中亚地区，锡尔河和阿姆河这一带很早就已经在用纸通信了。公元3世纪的时候，甚至还传到了更西的地方，也就是美索不达米亚地区。

1907年斯坦因在敦煌以西的长城烽燧中发现了一包信札。这些信由粟特文写成，是粟特人之间往来的信件。信上写明了时间，换算为公元纪年的话，就是公元313年。信中提到了洛阳的惨景，也提到了粟特人在洛阳和河西走廊的生意，提到了香药等问题。这些信不是竹木简，而是纸张，而且写了要送回粟特老家，也就是阿姆河、锡尔河一带。也就是说，那个年代，整个中亚地区早已经开始用纸了。但是用纸并不意味着他们一定知道造纸术。

中国的史料没有提到造纸术是在怛罗斯之战中西传的，是阿拉伯的史料当中提到的。阿拉伯有个学者叫塔来比，他引用了《周游与列国》，这里边提道："造纸术由中国传到撒马尔罕，是由于中国的俘虏。生擒此等中国俘虏的人，为齐亚德·伊本·萨里将军。"这说得很清楚了，齐亚德·伊本·萨里指挥的不就是怛罗斯之战吗？"中国俘虏"肯定是指在怛罗斯之战当中被俘的人。而且他说："从众俘虏中，得造纸工匠若干人，由是设厂造纸，驰名远近。"阿拉伯人先在撒马尔罕设置了造纸厂，然后传向了整个世界。造纸术因为这场战役意外传向了全世界，算得上是怛罗斯之战的一个意外收获。

关于怛罗斯之战，我给大家推荐三部作品：王小甫先生写的《唐、吐蕃、大食政治关系史》，杨军、高厦写的《怛逻（罗）斯之战：唐与阿拉伯帝国的交锋》，还有薛宗正先生写的《怛逻（罗）斯之战历史溯源——唐与大食百年政治关系述略（651—751）》。历史学就是这样，对于很多问题，学者们往往持不同的观点，但"兼听则明"，多看看不同的观点，对于我们更加立体地认知历史是有好处的。

| 第七章 |

丝绸之路：对唐朝人的地理观和世界观的一次颠覆

这一章，我们来谈谈丝绸之路与唐人的日常生活。

近年来，丝绸之路得到了很多关注。但我想强调一点：丝绸之路并不是我们中国的经济命脉。这不意味着它不重要，它的重要性我会放在后面说。先来说说它为什么不是经济命脉，事实上，这是陆上丝绸之路的交通方式造成的。

在古代，陆路交通是费效比极高的一种交通方式。那个年代没有火车，没有高速路，陆上交通无非就是靠马驮、骆驼驮或者人背。这种交通方式导致陆上丝绸之路无法贩卖那种体积大、重量大、单位价值低的商品，比如粮食或者其他大宗物品。有一句古话，"百里不运草，千里不运粮"，原因就是这样。古代还有一个现象，凡是边防部队戍边，往往要伴随着一个行为，那就是屯田。因为疆域广大的国家，如果靠从内地运送军粮去支援边防的话，会把国家财政彻底压垮。

《孙子兵法》里有这样一句话："食敌一钟，当吾二十钟。"意思是说，在前线缴获敌人一钟军粮，相当于从后方运来了二十钟的军粮。由此可见，陆路运输粮食等东西的费效比极高。当年隋炀帝伐高丽的时候，因为前线军粮不够吃，他在征发了一百万民夫之后，又从华北和山东地区新招募了六十万民夫往前线运军粮。但这里有个技术问题，第一拨征发的一百万民夫，已经把华北和山东地区所有的牛车、马车都带走了，第二拨征发的六十万民夫，没有工具运军粮。隋炀帝一拍脑袋，想出了一个主意。他让两个人推一辆独轮小手推车，载上两袋粮食往前线运送。但民夫也是人，也得吃粮。粮从哪儿来？只能从车上来。所以最后六十万人走到辽东前线时无粮可交——已经被吃完了。隋炀帝组织了一次六十万人的"公费大旅游"，最后连根毛都没有剩下，可见运军粮这事是多么划不来。

陆路运输的这种特点，导致自古以来陆上丝绸之路必须贩卖那种轻而贵重之物，比如香料、金制品、珍贵的皮毛，只有贩卖这些才能盈利。可以说，陆上丝绸之路就是个"奢侈品之路"。而我们中国自古以来都是自给自足的小农经济社会，在这种情况下，奢侈品对于我国来说是"锦上添花"，而绝不是"雪中送炭"。而中亚、西域那些小国家不一样，它们很多其实就靠着陆上丝绸之路的商税来生存，那对它们来说是生命线。但对中国来说，它在经济上并不具备决定性的意义。举个例子，宋朝失去了对西域的实际控制权，陆上丝绸之路不像唐朝时那么通畅了，甚至可以说陆上丝绸之路在宋朝已经名存实亡。但是宋朝的经济发展水平比起唐朝有过之而无不及，足以证明陆上丝绸之路对中国的经济意义有限。

但我不是在强调丝绸之路不重要，它的重要性并不局限于经济意义。它是一条对外交往之路，一条文明交流之路，也是一条物种交流之路。

我们中国位于欧亚大陆的最东端，地理环境相对封闭，北方是茫茫大草原，东边是浩瀚大海，南边是热带丛林和大海，西南方向是连续的高原。我们古代对外交往的主要道路，就是从河西走廊到西域，再前往中亚。如果没有丝绸之路，我们就等于事实上的闭关锁国。闭关锁国的国家是走不长远的，文明因为交流而更加文明，每一个发展壮大的文明背后，都有广泛的国际交流。所以，陆上丝绸之路的重要意义，在于文明交往方面。

古代没有"丝绸之路"这个名称，它是1877年由德国地理学家李希霍芬提出的，他在《中国》这本书中率先使用了这个名词。之所以要用"丝绸"来命名这条商贸之路，是因为对于西方人来说，丝绸象征着中国，象征着古老而神秘的东方文化，而且丝绸也的确是这条商贸路上最大宗的贸易物。

丝绸的历史影响无比深远。在丝绸之路打通后，中国的丝绸来到了中亚，来到了地中海，来到了罗马。罗马贵族对丝绸简直称得上"趋之若鹜"，喜爱得不得了。那时罗马的衣料，都是一些麻制品、毛皮制品。当他们见到这种光滑的、艳丽的、闪闪发光的新织料，可以想见他们有多么惊讶。

而且特别有意思的是，在公元6世纪以前，欧洲人一直不知道丝绸是怎么生产出来的。关于丝绸的来路，他们有无穷无尽的说法和想象。以博学而著称的罗马著名学者老普林尼曾经说过："东方有一个赛里斯国。赛里斯人有一种羊毛生在树上，这种羊毛是白色的。他们把它采下来浸之于水，再经过梳理就成了生丝。"哪会有羊毛长在树上，这明显就是道听途说而来的。"赛里斯"就是希腊语的"中国"，意思是"丝"，罗马人在这里沿用了这个称谓。

这种错误印象是如何产生的呢？一是因为路途遥远，他们对丝绸的生产不了解；二是西亚、中亚的这批商人，可能有意误导了罗马人，因为他们是丝绸之路当中最大的获利者。单从商业利益的角度而言，从丝绸之路获利最多的不是中国人，也不是罗马人，而是这批赚差价的中间商。对他们来说，垄断信息就是赚差价的不二法门，所以他们绝不能让欧洲人知道丝绸是如何生产的。在这种情况下，才有了这样令人啼笑皆非的说法。

1995年10月，一支中日联合考古队在新疆尼雅遗址一座古墓中发现了一件文物——"五星出东方利中国"织锦护臂。这座古墓的墓主人应该是当地一个国王级别的贵族，他满身的"国际元素"：身上佩带有中亚风格的刀，嘴里含着阿富汗风格的银币，胳膊上戴了一个四川地区生产的织锦护臂。护臂，是一种用于保护持弓的手，防止弓弦打到胳膊上的装备。

这个护臂名字的来源，正是它上面写的"五星出东方利中国"。现在它是新疆维吾尔自治区博物馆的镇馆之宝，被列为一级文物、不可出国展览文物。这里普及一个常识，在《文物藏品定级标准》中，没有"国宝级文物"这个称谓，人们俗称的国宝级文物，其实指的就是一级文物中的不可出国展览文物，而"五星出东方利中国"就是其中一件。而且特别有意思的是，亲手把它挖出来的人，是中日联合考古队的队长齐东方，恰好是"五星出东方"。

丝绸对罗马帝国的衰落也产生了极大的影响。姚宝猷在《中国丝绢西传史》中说："罗马帝国末年之财政，因为黄金硬通货的外流，陷于极度困苦之境地。"赫德逊在《欧洲与中国》里也说："由东方贸易造成的黄金和硬币的外流，乃是罗马世界经济衰落的主要因素之一。"黄金自古以来就是天然货币，哪个国家的商人都可以接受。罗马帝国晚期最大的问题，就是使用黄金作为货币，中亚、西亚的这批商人在把中国的丝绸贩卖到罗马之后，直接拿着黄金离开，造成了黄金硬通货大量外流，罗马帝国由此陷入了财政危机。所以，丝绸贸易被认为是罗马帝国衰落的原因之一。

在中国出土了很多东罗马帝国金币。这种金币，在河南、山西、宁夏、陕西乃至湖北等地都屡有发现。这就是丝绸之路上罗马黄金硬通货大量外流的体现。罗马以及东罗马的金币，遍及了整个丝绸之路。

既然丝绸之路不是中国的经济命脉，那为什么从汉到唐，中国政府都要付出极大的代价来维持丝绸之路的畅通呢？因为它是西域诸小国的经济命脉。当时西域的地形导致那些国家往往以城邦国家的形态出现，而城邦国家并不适合发展农业或者畜牧业，他们生存的根本是商税。中国作为"天朝上国"，必须尽国际义务，起到保护小国的作用。所以，为了维持东亚世界领袖的地位，中国必须维持丝绸之路的畅通。

张骞出使西域是丝绸之路畅通的重要一环。我们把张骞此行称为"凿空"，就是说他对丝绸之路起到了开拓的作用。其实中原地区通往西域的商贸之路在张骞之前早就存在。比如殷墟玉器的原材料，经过鉴定之后，发现其中有一部分是新疆和田玉，那就代表着早在殷商时期，内地就有通往西域的商贸之路了。但张骞的特别之处就在于，他是中国历史上第一个睁眼看西域的政府使节，是第一个正式去西域地区的政府代表。他被匈奴扣押了长达十三年的时间，因此他有足够的机会去了解西域地区的风土人情、政治状况，给汉朝带回了很多准确的情报。

丝绸之路打通之后，中国人的地理观、世界观都发生了巨变，并且有了对外交往的努力。因此，张骞之前的中国和张骞之后的中国，有着巨大的不同。张骞之前的中国，以《尚书·禹贡》为代表，中国人真的以为自己就是"天下之中"，以为"四夷"就像一个同心圆一样，分布在中国的周边。但是在有了丝绸之路后，我们中国人突然意识到原来山外有山，天外有天，中国不是世界的中心。佛教顺着丝绸之路传入中国之后，这种概念就更普及了。因为佛教产生于印度，所以他们把中国称为"东土"。随着佛教的兴盛，中国人逐渐接受了这种概念。《西游记》里唐僧每次自我介绍的时候，都说"贫僧来自东土大唐"，这也是"东土"这个概念深入人心的证明。

中国疆域的延伸，就与这种地理观的进步密切相关。秦始皇时期的中国疆域，实际上就是中国最适合农耕的地区。在西北方向，秦始皇的长城只修到了甘肃的临洮，这意味着对临洮以西的河西走廊和西域，秦始皇一点兴趣也没有，因为那里不适合农耕。但是汉武帝到汉宣帝时期建立起的疆域就不一样了，它东起朝鲜半岛，向西一直到达天山南北，地型、气候更加多元，民族成分也更加复杂，而且包含了多个经济地带。这种巨大的变化，与张骞带来的地理观的变化，关系十分密切。

所以，现在中国的疆域版图与丝绸之路带来的这种世界观、地理观的变化，可以说不无联系。丝绸之路也大大地影响了中国人的生活，从汉到唐，一直如此。

丝绸之路也与唐人的日常生活息息相关。

不要以为丝绸之路是很久远的事情，实际上，丝绸之路对你的生活一直影响到你刚才那顿饭——下面说到的这些食物，你今天多多少少都会碰到一点。

比如安石榴。按照《政和本草》引西晋陆机的说法："张骞为汉使外国十八年，得涂林安石榴是也。"张骞从安石国引入了一种水果，在长安附近试植成功，这就是安石榴，后来改称石榴。到现在，陕西仍然盛产石榴，西安市的市花是石榴花，就是因为石榴象征着丝绸之路。

还有大蒜。《齐民要术》里说："张骞使西域，得大蒜、胡荽。"这两样东西都很常见。大蒜我们都不陌生，而什么是"胡荽"？胡荽还有个名称叫芫荽，其实就是香菜。香菜跟咱们的生活关系非常密切，即便有的人讨厌吃香菜，点外卖的时候也得在备注里跟老板说一声"我不要香菜"，可见丝绸之路对我们生活的影响是方方面面的。

还有黄瓜，按照《本草纲目》的说法，黄瓜也是张骞出使西域带回来的。从这些古人的说法来看，张骞真是个优秀的"吃货"，吃到好吃的东西也没有忘了同胞们，总知道带一点回来。但其实中国人自古以来就有个特点，喜欢把什么东西的发明或者引入，归功于某个名人。我们不必相信这些东西真的都是张骞带回来的，不过张骞开辟的丝绸之路是这些东西传入的主要渠道，所以这样说也不为过。

大约汉朝的时候，黄瓜传入中国，原名叫"胡瓜"。这里普及一个文史常识：汉唐时期，外来的东西往往冠以一个"胡"字，因为他们把西域的少数民族称为"胡"，所以从陆上丝绸之路输入的东西，一般都有个"胡"字，比如胡瓜、胡床、胡饼、胡乐、胡姬、胡服等。但是到了明清时期，对外交往的主要渠道变成了海路，所以明清时期外来的东西往往冠以一个"洋"字，比如洋油、洋火、洋布、洋枪、洋炮、洋药。这就证明了，明清时期外来物种的渠道，和汉唐时期外来物种的渠道不一样。

那么"胡瓜"是怎么变成"黄瓜"的呢？这跟十六国时期的石勒密切相关。石勒是个羯人，也就是胡人，他有个特点，特别讨厌别人说"胡"字。所以在他那个时候，就把"胡瓜"改名为"黄瓜"了。

胡饼是唐人常吃的一种面点。新疆的朋友会说："这是什么胡饼，这不就是馕吗？"其实我个人认为它就是馕，它跟馕很像，是由面粉烤制的，甚至连边缘高、中间薄、上面撒果仁这些特点都有。胡饼分为带馅的和不带馅的，后来这种烤制的面点，名称由"胡饼"变成了"馕"。关于这个变化，其实本身就值得作一篇文章，因为"馕"这个词体现了伊斯兰化之后伊朗语系对新疆地区的影响。

丝绸之路对餐桌的影响，一直持续到现在。我家住在西安，陕西人就爱吃一碗油泼面。这一碗油泼面，用到了各地的食材。首先，面粉是小麦做的，小麦原产于两河流域，五千年前传到新疆通天洞遗址，三千五百年前传入了河西走廊，然后才进入内地。还有，这碗面离不开辣椒。辣椒可是美洲的作物，是明朝末期传入中国的。因为是从海上来的，所以最初叫"海椒"。还有"吃面不吃蒜，味道减一半"，大蒜、香菜、黄瓜丝都得放。算一算，吃这一碗面时，可以说把整个丝绸之路都端在手上了。

除了食物，通过丝绸之路也传入了许多经济作物。比如胡麻，胡麻就是今天的芝麻，据说也是张骞出使西域带回来的。中国本来也有麻，是大麻和苎麻，不过这些麻都存在很大的问题。

以苎麻为例，它可以当纺织原料，但非常粗糙。而胡麻被引入中国后很好地改善了这个问题，因此胡麻成了重要的经济作物。

还有胡桃。胡桃就是核桃，到现在还是中国北方重要的经济作物。胡桃，按《日华子本草》的说法，是"汉张骞使西域还，得其种植之秦中"。

还有葡萄。葡萄也是这样，汉武帝时期伐大宛国（今乌兹别克斯坦一带），军队得到了葡萄种，带回内地。但可能因为品种退化等原因，到了北魏，葡萄变成了珍稀水果。北魏《洛阳伽蓝记》里记载，在洛阳，如果谁提着一串葡萄去看望自己的朋友，那么请珍惜他，因为当时的葡萄是贵族水果，价格非常昂贵，只有真爱才舍得花钱去买。

到了唐初，这个现象仍然存在。有一次国宴之上，唐高祖宴请群臣。有位宰相级别的官员陈叔达，竟然在宴会上偷葡萄。唐高祖坐得高，望得远，看到他偷偷往宽大的衣袖里藏葡萄，就问他为什么要这么做。陈叔达回答说，他的老母病重，一直说想吃葡萄，但他在长安城的市场里根本买不到，今天在宴会上看到了葡萄，想带几颗回去给老母尝一下。唐高祖听了之后潸然泪下，说："你毕竟还有老母可以奉养，你这是孝道啊。"唐高祖的母亲早在他年轻的时候就已经去世了，所以他很感动，给了陈叔达很多赏赐。

从陈叔达的故事就能看出，即便贵为宰相级别的官员，想吃葡萄都不容易。幸好唐高祖的儿子唐太宗解决了这个问题。贞观十四年（640年），唐军吃到吐鲁番的马奶葡萄后大为赞叹，于是把这良种葡萄带回长安，试植成功。葡萄一下子变成了大众水果，也给唐朝带来了兴旺的葡萄酒行业。正如唐诗中说的，"葡萄美酒夜光杯"。

说起丝绸之路对唐人的影响，还有一个不得不说的就是香药。无论是海上丝绸之路还是陆上丝绸之路，我们对外输出的主要货品都是丝绸，而在对内引入的货品种类里，香药是其中相当大的一宗。在有丝绸之路之前，中国人虽然也爱用香，但是种类很有限。宋代的《香谱》中就提到过，秦汉以前中国人用的香，无非兰、蕙、椒、桂等几种。而到了丝绸之路开辟，也就是汉武帝时期以后，中国人用香的种类就非常多了，沉香、檀香、木香、甲香、龙涎香、鸡舌香等，种类非常丰富。

在唐代，香药的运用极其广泛，几乎渗透到了生活的每一个角落，尤其对于上层社会来说，更是如此。他们礼佛要燃香，居家要熏香，衣服在穿之前要熏香，甚至藏书也要熏香。唐德宗时期，有人在洛阳的书市上买到了上官婉儿的藏书。好几十年过去，那些藏书上竟然一个蛀洞都没有，这是因为上官婉儿是一个做事非常仔细的女性，她会反复用香去熏自己的每一卷藏书，这样可以防虫蛀。中国自古以来就不流行香水，第一次有关于香水的记载还是在宋代的《诸藩志》里，而且描述的是海外风情。中国人不用香水，对香的主要运用就是香药。

还有一个对唐人的日常生活产生深远影响的，那就是音乐。中国音乐的发展，是以唐玄宗为分水岭的。在唐玄宗之前，宫廷音乐讲究的是"正声雅乐"。隋文帝这个"老夫子"就特别讨厌民间的通俗音乐（当时称之为"散乐"）。他禁止民间散乐进入宫廷，要维持宫廷音乐"正声雅乐"的地位。但到了唐玄宗时期，情况就不一样了。唐玄宗是狂热的音乐爱好者，也是杰出的演奏家、作曲家。除了美貌，他喜爱的那些妃子还有个共同的特点——能歌善舞。他的宫廷里，不仅有梨园子弟，有众多乐工，而且简直就是充满国际元素的大荟萃。

按照谢弗《唐代的外来文明》所说，在唐玄宗的宫廷里，龟兹乐、高昌乐、疏勒乐、安国乐、康国乐、天竺乐、高丽乐，甚至印度的婆罗门乐，都有自己的一席之地。其中最著名的就是《霓裳羽衣曲》。虽然这个名称听起来非常中国化，但实际上"霓裳羽衣曲"原名"婆罗门曲"，是河西地方长官听到之后觉得好，把它打成谱子送到了长安，送到了唐玄宗面前。唐玄宗听了之后也觉得好，于是提起笔来改编了这支曲子，起了一个中国化的名字。所以，虽然曲子和舞姿我们无法完全复原，但可以想见里边一定充满着印度乐曲的风情，或许杨贵妃跳起来时就是那个样子。

丝绸之路还使得许多胡人来到长安，这一点我们可以从很多出土的文物中发现。唐代的文物中有很多牵骆驼的胡人形象。骆驼别称"沙漠之舟"，是陆上丝绸之路的象征。一些文物的服饰可以向我们展示这些形象的身份。尖顶帽和翻领胡袍代表着粟特人。粟特人的居住地位于中亚地区阿姆河到锡尔河流域，大约是今天的乌兹别克斯坦、哈萨克斯坦、吉尔吉斯斯坦这一带。他们又称"昭武九姓"，是丝绸之路上商旅的主力军之一。

还有赤膊的胡人形象，他赤膊是在进行"泼寒胡戏"。泼寒胡戏是唐代长安胡人的风俗，每到冬至这天，胡人们个个赤裸上身，骑马上街，互相追逐游玩，互相泼水，就像现在傣族的泼水节一样。他们认为经过这么一番折腾之后，可以保证一年不得病。

故宫博物院中还藏有一件唐代昆仑奴俑。昆仑奴一般被认为是南海矮种黑人，不过学术界也有不同的看法，有些人认为凡是在中国的黑人，不管是从南海来的还是从西域来的，都叫作"昆仑奴"。

当时来到中国的少数民族和外国人非常多。南方地区有顺着海上丝绸之路来到中国的大食人、波斯人（伊朗人）、天竺人

（印度人），还有林邑人、爪哇人、僧伽罗人；北方地区有大食人、波斯人、天竺人、回纥人、突厥人、粟特人、吐火罗人等各色人种。他们来到中国，身份多种多样，有的人当官，有的人经商，有的人代表本国国王来出使，有的人来这儿出家。还有李白在诗中写过的："胡姬貌如花，当垆笑春风。笑春风，舞罗衣，君今不醉欲安归？""五陵年少金市东，银鞍白马度春风。落花踏尽游何处，笑入胡姬酒肆中。"李白最爱去的"胡姬酒肆"，其实指的就是有外族女孩子当服务员的酒馆。

由此可见，中国朝廷对于来唐的胡人，政策是非常宽松的。他们可以在中原从事自己喜欢的行业，可以结婚生子，甚至军队中也有很多胡兵胡将。他们中有很多人为唐朝流血牺牲，但也有像安禄山、史思明这样的野心家，这样鱼龙混杂的现象是打开国门后难以避免的。不仅在其他方面相当自由，在中国，他们的宗教信仰也可以得到尊重。

对古代全世界的人民来说，宗教是他们生活的重要组成部分，而丝绸之路也是一条宗教传播之路。东汉时期，佛教顺着丝绸之路传入中国。唐朝贞观时期，丝绸之路上传来了景教。景教，也就是基督教的聂斯托利教派。唐朝有所谓"三夷教"，指的是景教、祆教和摩尼教，它们都是顺着丝绸之路传入中国的。伊斯兰教在公元8世纪中期为中国人所知，11世纪以后在西北地区大面积传播。海上丝绸之路也是伊斯兰教进入中国的渠道之一，在泉州、广州等地都有早期伊斯兰教文化的遗存。

根据《新唐书·地理志》，唐朝对外交往有七条主要交通干道，这七条交通干道几乎涵盖了当时人们的全部已知世界——我指的是欧亚大陆，当时没有澳大利亚，也没有美洲。所以，当时的这张对外交通网，已经是人们能够做到的极致了。

丝绸之路对我们生活的影响是方方面面的，这一点从历史记载中可见一斑。

| 第八章 |

千古女帝：武则天如何改变中国历史的走向？

武则天在中国历史上的重要地位，并不仅仅来自她女帝的身份。陈寅恪先生认为，武则天堪称唐朝乃至中国历史发展的一个转折点。之所以这样说，是因为武则天在无意当中完成了一个历史使命，改变了中国历史的走向。她的称帝，意味着官僚政治开始取代贵族政治，意味着中国的皇权走向了强化。而中国皇权的强化从她这个时代开始一路高走，到明清时达到了巅峰。

在唐朝之前，中国曾经有两次贵族政治的高峰，一次是先秦，一次是东汉。秦始皇破坏了贵族政治，但是东汉以后，贵族政治借着大庄园、大土地所有制死灰复燃。到了魏晋南北朝，尤其是东晋，门阀政治达到了巅峰。而从南北朝后期一直到武则天这个时间段，皇权开始逐渐走向强化，贵族在政治上逐渐失去了与皇权抗争的资本，而武则天基本上完成了对贵族政治的最后一击。在武则天以后，中国的贵族虽然还存在，但是在政治上已经没有多大的影响力了。当然，武则天不会有这样的历史自觉性，知道"我要完成中国政治的转型，我要完成中国由贵族政治向官僚政治的转型"。准确来说，她应该是出于政治需要，而在无意中完成了这一项历史任务。

武则天的一系列举动，预示着中国未来政治格局的走向，而且武则天称帝对我们来说，也是有一定的启发意义的。她突破了男权社会的天花板。人生在世，总会在一个时间段遇到一个天花板，那么该怎么突破呢？她的所作所为，她更换角度和维度的思考模式，对我们来说或许也有一定的启示。

武则天出生于公元624年（关于武则天生年的说法很多，在此采信这一种），她的父亲名叫武士彠。在那个高度重视门阀等级的时代，她的出身并不显赫。武姓不是什么高门大姓，而且她的父亲武士彠原本是一名商人。士农工商，在那个年代，商人是被人瞧不起的。好在她父亲有一层"政治外衣"——早在隋末的时候，武士彠就做了政治投资，他用家财帮助李渊在太原举兵，算是李唐的建国功臣，因此在李唐建国之后他就当官了。武则天的母亲杨氏，按照武则天自己的说法，是唐高祖李渊亲自做媒，把她嫁给武士彠的。

我们到现在仍不知道武则天的真名是什么。"武媚娘"是她十四岁入宫之后，李世民给她起的名字，不是她的本名；"武曌"是她当皇帝之后给自己取的新名字，"曌"是她创造的新字，是"日月当空照"的意思；在她退位之后，唐中宗给她上尊号"则天大圣皇帝"，而在她遗诏中说去掉皇帝名号，称"则天大圣皇后"，所以人们后来称她为"武则天"。

想知道武则天原本的名字，我们恐怕只能依靠推测了。有人注意到武则天上台之后，华容县改名叫荣县，华山改名叫仙掌山，所以认为武则天原名叫"武华"。但"武华"是武则天祖父的名字，即便是为了避讳，避的也不是她的名讳，而是她武家先辈的名讳。

雷家骥写的《武则天传》中有这样的一个考证。高宗时期有位中书侍郎，名叫孙处约，他为了避皇后的名讳，改名"孙茂道"。由此可证，武则天的名字中要么有一个"处"字，要么有一个"约"字。与此同时，高宗时期还有另外一个宰相叫郝处俊，他就没有改名，这足以证明"处"字是不用避讳的，那么避讳的字毫无疑问就是"约"。因此雷家骥推测，武则天的名字中应该有一个"约"字，要么是"武约"，要么是"武某约"或者"武约某"。

再来谈谈武则天的容貌。我们谈论武则天的容貌，并不是因为八卦。她能够介入权力中心，最初并不是凭借才华，而是靠容貌。所以容貌问题，对于研究武则天这个人物来说，是一个重要的问题。

毫无疑问，武则天容貌出众，否则她十四岁的时候就不会被选入宫。但是关于她具体长什么样，历史记载并不多。《旧唐书·太平公主传》记载了太平公主的长相："公主丰硕，方额广颐，多权略，则天以为类己。"就是说公主体态丰满，额头宽宽的，脸蛋圆圆的，很符合唐人的审美，武则天认为她像自己。由此我们也可以从侧面了解到，武则天的相貌应该也是方额广颐。

现在流传最广的一个说法，说洛阳龙门石窟卢舍那大佛是按照武则天的脸雕的。这个说法在1981年出版的宫大中著《龙门石窟艺术》这本书里首次被提出，但毫无史料依据。在惠简洞的石刻当中，关于建造石像的文字记载里，只说武则天捐脂粉钱二万贯修建卢舍那大佛，根本没有提到这尊佛像是按照武则天的相貌雕的。当然，我们承认，那个年代捐钱的"供养人"，一定会以某种方式把自己的形象留在佛祖的身边，但是，武则天有没有胆量把自己的脸变成佛祖的脸？而且卢舍那大佛是高宗为了给自己死去的父亲唐太宗、母亲长孙皇后追福而修的，身为儿媳妇的武则天敢这么做吗？我认为她没有这个胆量。虽然卢舍那大佛长得很符合人们对武则天容貌的想象，但是我也必须说，这样的说法是没有依据的。

另外，现在如果在网上搜索武则天像，出现频率最高的是明朝《历代古人像赞》中的画像。但这张画像毫无依据，作者对武则天一点好感都没有，把武则天画得"人头鬼样"，文字写得也很不客气。"屠虐宗支，毒害忠良。攘窃神器，淫秽纲常"，这就不是好评价。这张画像也完全是虚构的。

四川广元皇泽寺所藏的武则天真容像（见图1）提供了另外一种可能性。武则天的少女时代是在四川广元度过的，因此这尊"真容像"面容的塑造可能有些依据，也许接近武则天的真容。遗憾的是，这尊像展现的是武则天老年时的形象，而且在明代的时候受过损伤，经过后来的修补，塑像的脖子被缩短了，因此看起来比例有点失调。

还有一幅很有趣的壁画，是中亚撒马尔罕大使厅里由外国画师绘制的武则天画像。当时的康国国王跟武则天是同时代的人，他把唐高宗和武则天的形象绘制在了自己的壁画当中。画中的武则天还是很符合唐人的审美的，体态丰硕，方额广颐。考虑到画师和武则天是同时代的人，所以这可能也接近于武则天的形象。但画师是外国人，这幅画像中还出现了希腊的海兽，出现了中亚常见的题材"君主与猛兽搏斗"，所以这幅画像只能称为"中西合璧"，能不能说它就是武则天肖像呢？也很难说。

　　囿于篇幅，在这里我无法把武则天的一生完完整整地讲完，只能挑一些关于她的热点来给大家做一个解释。

　　受几年前热播的一部电视剧的影响，人们都觉得武则天在当唐太宗才人期间非常受宠，唐太宗对武则天情有独钟，甚至在生前就想把江山让给武则天。电视剧演到三分之二的时候，唐太宗还没死，观众都急了：怎么还不死，武则天什么时候当皇帝？

　　说实话，电视剧可以艺术虚构，可以发挥创造。但是作为一个历史学工作者，我必须指出，武则天在任太宗才人期间，并没有受到什么恩宠。她十四岁入宫的时候是正五品才人，十多年后出宫的时候还是正五品才人，根本就没什么进步。此外，她和高宗总共育有六个孩子，说明她生育能力很强，但她跟太宗一儿半女都没有生下来。由此可见，任唐太宗才人时期的武则天并不算受宠。

　　婚姻这事，有时候性格接近的人反倒不好相处，性格互补一些可能更好。唐太宗性格刚烈，武则天性格也刚烈，两个刚烈之人碰到一起，很难不产生矛盾。这也就同时解释了为什么唐高宗会喜欢武则天。高宗性格软，他看武则天时，我估计是怀着一种"这个姐姐好厉害"的心态，所以他们俩搞姐弟恋。以高宗的性格，他不搞姐弟恋反倒奇怪。父子两代之所以对武则天态度不一样，恐怕跟父子两个人的性格差异有很大的关联。

在太宗后宫这个阶段，跟武则天有关的重要事件有三：一是"狮子骢事件"，二是"李君羡事件"，三是与太子李治的相爱。下面我们一个一个来看。

先来说说"狮子骢事件"，这是武则天晚年恐吓群臣时所说的一个故事。她告诫群臣："当年我在太宗后宫里任才人的时候，太宗有一匹名马叫'狮子骢'，特别肥壮，而且性格暴烈，没人能控制住它。我自告奋勇，请太宗给我三件东西，一是铁鞭，二是铁檛（铁锤），三是匕首。我先用铁鞭去打它，要是还不服，我就用铁檛敲它的脑袋，如果再不服，那就证明它不能为我所用，我就会以匕首断其喉，把它杀了。"

她讲这个故事，是为了告诫群臣不要不识好歹，不要"敬酒不吃吃罚酒"。这就是她用人的基本态度。我可以劝你一次，也可以再劝你一次，但如果连劝两次你都不为我所用的话，那你就是站在我的对立面，就是我的敌人，那就不能让你继续生存下去。武则天在故事的最后还补了一句"太宗壮朕之志"，意思是太宗觉得她志气雄壮。但作为一个才人，要那么雄壮做什么？太宗不待见她，这恐怕是主要原因。

现代学者王永平先生通过考证发现，类似的故事在武则天之前的佛经故事中出现过，所以他怀疑"狮子骢事件"不见得真正发生过，有可能是武则天晚年编的段子。但是不管是不是编段子，这个故事也能充分展现武则天的个性。

再来看看"李君羡事件"，这应该是真实存在的事件，与"谶言"密切相关。从秦汉时期开始，中国政坛上就有一股神秘的力量，那就是"谶言"。谶言用一些隐晦的词句来预言政治的走向，对人们的精神生活，对政治走向都有着极大的影响力。所以统治者往往是既要利用谶言，又恐惧谶言；自己不在台上的时候利用谶言，自己当皇帝的时候恐惧谶言。而武则天的上台和她那种称帝的雄心壮志的建立，恐怕跟李君羡事件、跟谶言密切相关。

据说当时民间有一个谶言："当有女武王者。"就是未来将有一个姓武的女人出来统治天下。唐太宗听说这件事之后觉得非常厌恶，但是出于男权思想，唐太宗认为不可能会有女人出来掌管天下。因为谶言往往语言非常晦涩，不那么直白，他就想这个"女"恐怕另有所指。后来有一天他宴请武将喝酒，行酒令时大家自报乳名，谁的乳名搞笑，谁就喝一杯。大将李君羡站起来，自报乳名曰"五娘子"。唐太宗一听哈哈大笑："哪来这么勇猛的一个娘子？喝酒，喝酒！"但是晚上回去之后，唐太宗突然意识到不对，李君羡的封号是武连县公，任左武卫大将军，值守玄武门，都跟"武"有关系。而李君羡的乳名还叫"五娘子"，"女武王者"，恐怕说的就是他。

唐太宗因此起了杀心，他借口李君羡与术士结交，杀了李君羡，把他的家人流放到了西域。武则天称帝之后，李君羡的家人千里迢迢赶到洛阳"告御状"，大意就是："皇上啊，我们终于知道，我家大将军当年是替谁死的了。他是替您背了这个锅呀！"武则天承认了这件事，追复其官爵，以礼改葬。

李君羡事件在历史上应该是真实发生过的。大家不要小瞧这种谶言的作用，说实话，"女武王者"这句话刚出来的时候，对于武则天来说，她应该也只是心里想想："嘿，挺巧的，我也姓武。"但在当上皇后之后，她的想法恐怕就改变了："女武王者，说的或许就是我。"等到她当了太后垂帘听政掌握大权的时候，我估计她的心态就是："女武王者，舍我其谁。"

谶言在中国历史上起到的作用非常独特。一方面，对于名应谶言的人来说，就算没有野心，也会被它把野心给培养出来。人有野心不一定成功，但如果没有野心是万万不能成功的。在男权社会之中，一般不会有女人萌生"我要当女皇"的念头。而武则天这个念头的出现，恐怕与谶言是密切相关的，是谶言帮助她建立了一个原本不可能出现的野心。

另一方面，对于老百姓来说，谶言天然有一种精神的慑服作用。之所以历代王朝建立之初都要宣扬自己名应谶言，就是因为名应谶言好像就有了"君权神授"的色彩，给自己蒙上了一层合法的外衣。那时的人都很迷信，老百姓对于名应谶言的人，往往会产生服从的想法。所以历朝历代的统治者都有这样一个特点：夺权的时候利用谶言，掌权之后打击谶言。但不管怎样，谶言在中国历史上起到的作用都是独一无二的。

这个阶段的武则天还有一件大事，就是与太子李治相爱。他们的相爱是地下恋情，在那时是绝对不能说出来的。那时太宗正病重，这事传出来的话，不仅李治的太子位不保，武则天更是性命难保。等到太宗去世之后，高宗顺利继位，又到感业寺私会武则天。宫中的王皇后得知消息后很高兴，怂恿自己的老公让武则天蓄发还俗，然后把她接回宫中，拜为昭仪。

王皇后之所以不吃醋，听说老公在外边有人还那么高兴，是因为她那时正在跟另外一个情敌萧淑妃展开你死我活的斗争。萧淑妃很受宠，王皇后不受宠，因为王皇后没有生育能力，而萧淑妃有儿有女，因此高宗喜欢萧淑妃。王皇后与萧淑妃正斗着，听说皇帝在外面又有新的相好了，于是赶紧接回来，用来分散皇帝对萧淑妃的爱。在王皇后看来，反正自己也不受宠，多一个女人对她来说无所谓。但她没有想到，将武则天引入这场后宫争斗的后果，会是自己和萧淑妃双双出局。

那武则天是怎么斗倒王皇后和萧淑妃的呢？有一个盛传已

久的故事，就是所谓的"武则天杀女"事件。《新唐书·则天武皇后传》记载，武则天当昭仪时生了个小女儿，王皇后去看望。等王皇后走了以后，武则天悄悄潜入卧房，把小女儿掐死，再盖上被子。这时皇帝也来看望小公主，结果发现女儿已经死了，惊问："谁刚才来过？"因为左右的人没有看见武则天进来，于是汇报："王皇后来过。"高宗勃然大怒，说："后杀吾女！"由此下定决心，废了王皇后和萧淑妃。

这个故事盛传已久，但我认为这个故事是虚构的。第一，这个故事记载于《新唐书》，而不见于《旧唐书》。因为宋朝人对武则天特别反感，所以他们著书有着强烈的立场性，《新唐书》的作者宋祁、欧阳修等人也是如此，凡是不利于武则天的说法，他们一概采信。第二，这段记载本身逻辑不通。《新唐书》说武则天潜入卧房掐死女儿这件事没人看到，左右的宫女也都不知道，那么宋祁和欧阳修是怎么知道的？他俩难道在场吗？武则天也不可能自己去跟别人说，当年她女儿是她亲手掐死的。如果当事人武则天自己不说的话，还有谁会知道这件事？第三，也是我认为最有力的证据，是《唐大诏令集》里还保留着当年唐高宗废王皇后、萧淑妃为庶人的诏书，那里给王皇后、萧淑妃编造的罪名是"谋行鸩毒"，就是想毒死高宗和昭仪，根本没有提到所谓的"后杀吾女"。如果唐高宗真的相信"后杀吾女"的话，现成的罪名为什么不用？可见那时根本就没有这个段子。

武则天立后的过程很曲折。陈寅恪先生认为，武则天立后的过程中，主要的阻力不是王皇后、萧淑妃，她们两个本就已经逐渐失宠，否则高宗也不可能起废后的心思。真正的阻力来自元老执政集团，就是长孙无忌、褚遂良、于志宁这些人。这些人有一个共同的特点，他们都是唐太宗的托孤之臣。唐太宗认为自己的儿子李治性格绵软，所以他留下了一个元老重臣集团，这里的核心人物就是长孙无忌。他手握太宗遗诏，又是李治的亲舅舅，管教起他来可以说是理直气壮。而长孙无忌、褚遂良、于志宁这个集团被陈寅恪认为是关陇集团最后的残余，也就是关陇集团的最后一批代表。

这里我要强调一下，不要以为武则天一开始就是神通广大的。在武则天立后的过程中，武则天其实就是个"工具人"，是唐高宗的一枚棋子。通过武则天立后这件事，高宗要达到的目的，是昭示权力在自己这一边。他要向元老重臣集团宣示独立性，要夺权，而武则天只不过是他利用的一个工具而已。那时的武则天还没有那么大的能量，不能凭借一己之力扳倒像长孙无忌这样的重臣。说白了，这件事背后，是朝廷中的政治斗争。

在这个过程中出现了多种现象。一个是庶族地主集团的崛起，代表性的人物就是李义府、许敬宗、袁公瑜等。这些人都是中低级的官僚，他们看到高宗想立武则天为皇后，而长孙无忌、褚遂良、于志宁等元老重臣坚决反对，朝中无人敢出来支持皇帝，他们决定剑走偏锋，率先站出来表示支持，以此换取政治利益。这些人后来确实都得到了武则天的重用，不过当时的他们人微而言轻，起不到关键的作用。

而起到关键作用的，还是从元老重臣集团当中打开的突破口。李勣，也就是徐世勣，《隋唐演义》当中的徐茂公，他可是元老中的元老，不仅是李唐建国的功臣，而且也是唐太宗的托孤四大臣之一。托孤四大臣中，长孙无忌、褚遂良、于志宁是一派，李勣是单独的一派。李勣是个政治现实主义者，他也不是关陇集团的核心成员。李勣心里明白，什么"太宗遗诏"，这些东西都是过眼烟云，自己现在服务的是新皇帝，新皇帝的利益才是自己的利益。

因此，在立后的过程中，他始终不表明自己的态度。而高宗为了立后这件事，与长孙无忌、褚遂良、于志宁发生了激烈的冲突。尤其在这一年八月底的两次御前会议上，皇帝与三位元老闹得十分难堪，甚至发生了激烈的争执。在第二次御前会议上，褚遂良态度激昂，将帽子和笏板都扔在了地上，说："你要是立武氏为皇后，我就要告老还乡，因为我要维护的是太宗的遗诏！"当年太宗曾经嘱托过："朕佳儿佳妇，今以付卿。"意思就是把好儿子、好儿媳交给他们照顾了。

在这样相持不下的情况下，高宗非常苦恼，这时他突然想到了李勣。李勣这个人很有意思，两次御前会议，他都没有发言。尤其是第二次御前会议，别说发言，他根本没来，告了病假。所以这时高宗决定把李勣找过来，问一问他的真实想法。李勣回答了一句风轻云淡的话，但这句话对于武则天的个人命运和唐朝的国运产生了巨大的影响。他说："陛下家事，何须问外人？"李勣的意思其实就是说："你应该当家做主，这件事属于你的家事。你应该彰显你自己的存在，不要听那些元老的。"这句话出来，高宗简直是醍醐灌顶一般，下定了决心。

这件事情之后，关陇集团最后的这批代表纷纷倒台。九月初三，距离事件发生不过短短几天，褚遂良被贬为潭州都督。十月十三日，王皇后、萧淑妃以"谋行鸩毒"的罪名被废为庶人，加以囚禁。十一月一日，册立武则天为皇后，在肃义门举办仪式。百官都要向皇后行大礼，而主持朝拜仪式的，正是李勣。

又过了几年，长孙无忌以谋反的罪名被逮捕，流放到了泉州。后来，在武则天面前的红人许敬宗、袁公瑜等人的操作下，长孙无忌在黔州被逼自杀。武则天在内外廷都取得了彻底的胜利。

按照陈寅恪先生的看法，关陇集团最后的核心成员，通过立后这件事，被武则天彻底铲除了。当然，武则天并不会有这种历

史自觉性，并且我认为起码在此阶段内，在背后掌握政治走向的
不是她武则天，而是唐高宗。唐高宗要用这个方式从元老重臣集
团手里边夺权，武则天只是被他利用的棋子，而最后，高宗和武
则天取得了胜利。

| 第九章 |

千古女帝：武则天的思想在当时是降维打击？

这一章，我们重点来看看武则天通过哪些手段突破了男权社会的天花板，达成了称帝的目的。

前面我们谈过，武则天立后事件扳倒了中国最后的贵族集团。在整个立后的过程中，武则天应该是一个被唐高宗所利用的"工具人"，这一阶段主导政治的是唐高宗。但这样的形势，在显庆年间以后发生了逆转。高宗身体出现了状况，越来越力不从心，而武则天本来就性格刚强，又有着强烈的权力欲。所以这时，他们两者之间的天平开始失衡。

高宗患的是风疾，用今天的话来讲就是高血压。高宗的高血压非常严重，有时甚至因为高血压引发视神经压迫，"目不能视"，所以他开始把一些不太要紧的事情交给武则天来打理。武则天通过这段时间逐渐积攒了政治经验，熟悉了各方面政务处理的流程，同时也拉拢了一批人，团结在自己的旗帜下。从这个阶段开始，武则天"威势与帝无异"。

上元元年（674年），高宗称"天帝"，武则天称"天后"。史书评价说："上元以来，政由武氏。"也就是从这时开始，武则天加强了对自己老公的掌控。上元二年（675年）发生了一起离奇的案件，太子李弘暴毙。李弘是武则天与高宗的长子。上元二年，高宗病得越来越重，他决心禅位于太子李弘。这个消息传出之后不久，李弘就暴毙于洛阳的合璧宫。这样的巧合十分蹊跷，我们有理由去怀疑李弘的死因。他是自然死亡，还是被武则天下了毒手？

有很多历史学者不相信武则天杀了自己的儿子。一是最早记载"李弘是被毒死的"这一说法的，是唐肃宗时期的《唐历》，而在此之前的史料都没有这样说过。二是李弘的确身有重疾。他患有"瘵疾"，也就是肺结核，当时政府发布的文告、制书中说他是因此病而死。不过肺结核虽然在那时算得上是不治之症，但是人得病之后不见得立即就会死，甚至有的人得病几年、十几年也没有死。三是认为杀一个李弘并没有什么用，高宗和武则天一共有四个儿子，就算杀了大儿子，还有其他三个儿子，高宗照样可以禅位。但事实上，这剩下的三个儿子，后来武则天杀了一个，流放了一个，最后一个唐睿宗李旦也让她吓得禅位了，所以她不是不敢动这个手。

我本人相信李弘死于非命，死于武则天之手。这跟1995年的一次考古发现有关。1995年，西安南郊出土了一块《阎庄墓志铭》。阎庄是太子李弘的家令，也就是太子身边的大管家。他的父亲是阎立德，叔父是阎立本，他的家族在当时可以说是名门望族。

阎庄的死很蹊跷。墓志中记载："上元二年，从幸东都。其年九月廿一日，遇疾，终于河南县宣风里第。"他死亡的时间和太子死亡的时间非常接近。墓志中用很隐晦的话语描述了他的死亡："积痗俄侵，缠蚁床而遭祸；浮晖溘尽，随鹤版而俱逝。"对此，臧振先生专门有一个考证，他认为墓志的作者是在用非常隐晦的语言告诉我们一个事实：墓主人死于非命。而"鹤版"和"蚁床"都是用典，指的都是太子的死亡。换句话说，作者既想说清楚死者死亡的真实原因，又不敢说得太清楚，就用这种隐晦的语言告诉我们，这个人的死与太子的死密切相关。

阎庄是太子家令，应该对太子的死因一清二楚。两人的死亡日期这么接近，死因又密切相关，这让人难免会产生一个合理的怀疑——阎庄是被灭口的。而且在《元和姓纂》和《新唐书·宰相世系表》中，阎立德、阎立本这个家族中都没有阎庄的名字，阎庄在阎氏家谱当中被除名了。阎立德、阎立本都是宰相级别的官员，在当时的政治形势之下，谁能把宰相级别的官员吓成这样，亲生儿子死了，还要从家谱当中把他的名字给除掉？恐怕除了武则天，不会有别人了。

虽然没有百分之百的把握，但我有九成的把握认为阎庄是死于非命的。而他的死于非命，恐怕间接证明了太子也是死于非命，否则没有必要杀人灭口。那时武则天当皇帝的决心已经无比高涨，挡在她面前的就算是亲生儿子，她也下得去手。坦白地说，武则天要不是这样杀伐决断，也不可能成为一代女帝。

另外，武则天能够上台，有赖于她的"降维打击"，也就是换角度思考，它对于我们每一个人来说都有用。我们在生活和工作中，有时遇到某件事，几方的观点相持不下，大家焦灼于这个问题的时候，有没有考虑过换一个角度，甚至换一个维度去思考？有没有考虑过用一个更大的问题来覆盖原来的这个问题，让原来的问题变得不再重要？武则天在上台的过程中，就采用了这样的方式：她利用佛教，消除了人们对于她性别问题的纠结。

唐朝应该称得上是中国历史上妇女地位最高的时代，出现武则天这样的女皇不是偶然的，因为她有着庞大的群众基础。但也只有唐朝这样的时代才能诞生出女皇，因此她是中国历史上唯一的一个女皇。

网上有个说法，认为隋朝农民起义军领袖陈硕真是中国历史上第一个女皇。其实不能这么说，因为那是她自称的。关起门来，谁都能自称是皇帝，陈硕真这种自称的皇帝是得不到承认的，不能算数。中国唯一的女皇就是武则天。

中国历史上不乏强权女性，但是她们最多也只做到垂帘听政，到不了武则天这个层面上。武则天能够当女皇，首先得益于唐朝妇女地位很高，男性对于强势女性的接纳程度很高。不过，虽说那时的男性对强势女性的接纳程度比较高，但毕竟还是男权社会，改变不了"男尊女卑"的基本社会特点。所以，要打破天花板，捅破这最后的一层窗户纸，必须用别的办法。

为了顺利上台，武则天使用了很多的举措。在她当了皇后，尤其是以皇太后身份垂帘听政之后，她就很担心引起性别的对立，担心人们觉得她作为女性太过强势，从而引起天下男性的警觉。为此，她组织元万顷等人编写了《内轨》等一系列"女德教材"，想要麻痹天下的男性，告诉他们："我是讲三从四德的，我是讲男尊女卑的，你们不要担心。"

更重要的一招是，武则天利用了宗教思想。我们不得不承认，宗教对于人类的历史产生过极其巨大的影响，中国当然也不例外。尤其是唐朝，李唐皇室自称为"老子之后"，因此表面上看起来，道教是唐朝所谓的"国教"。但多读一读唐代的史料就会发现，多数唐朝人信仰的还是佛教。武则天不姓李，不必受制于李唐"以道教为国教"的规定。她母亲是一个虔诚的佛教徒，她自己又曾经有过在感业寺出家为尼的经历，所以她崇信佛教。

对于武则天来说，佛教给了她强大的精神支撑。没有那种精神动力、精神支撑，她不可能走到最后。当然，更重要的一点是，她利用佛教完成了她夺权的思想准备。在这一点上，《大云经疏》和《宝雨经》帮了她的大忙。

《大云经》早在北朝就已经有了，而武则天后来利用自己的面首薛怀义等人，又造了个《大云经疏》。史学界原本的说法，是《大云经疏》预言了武则天将成为女皇，但是实际上不是这样的。按照现代学者吕博的考证，帮助武则天上台的是两部重要的佛经，一部是《大云经疏》，一部是《宝雨经》。武则天利用《大云经疏》达到的主要目的，是强调自己替李唐监国的合法性。而起到最大推波助澜作用、预言武则天当女皇的，是《宝雨经》。

按照吕博《明堂建设与武周的皇帝像——从"圣母神皇"到"转轮王"》这篇论文的看法，真正在佛理方面支撑武则天称帝的，是薛怀义等人伪造篡改的《宝雨经》的经文，而不是《大云经疏》。按照《宝雨经》的设计，"武则天侍奉弥勒菩萨，掌管天下"。《宝雨经》才是武则天称帝的理论支持。

当时武则天大造舆论，全国各地也献上各种祥瑞。这个时期，全国范围内掀起了一个弥勒崇拜的高潮，到处都在造那种巨型的弥勒像。武则天要用这种视觉改造的方式，向全天下强调《宝雨经》的重要性，强调自己当女皇的重要性、合法性。

有一些弥勒像我们今天仍然能看到，比如洛阳龙门石窟摩崖三佛龛（见图2）。摩崖三像中间的就是弥勒佛，这就是弥勒崇拜的体现。它的开凿时间应该就是武则天时期，但是这三尊像没完工，烂尾了。有学者推测，建造这三尊像的极有可能是武则天的面首薛怀义，之所以没完工，是因为薛怀义后来被武则天杀了。这项烂尾工程，就一直从武则天时期烂到了现在。

莫高窟里最大的佛，九十五号窟北大佛就是当时敦煌当地的大族阴氏家族为了讨好武则天修建的，这尊大佛就是弥勒佛。阴氏家族之所以修弥勒佛，是为了响应武则天在全国造弥勒像的号召，但它远在西北地区，为了吸引武则天的注意，阴氏家族就将它修得巨大无比，在全国都名列前茅。

为什么说武则天这是"降维打击"？原因就在于，当所有人都在纠结于武则天的女身，纠结于她是个女性时，她直接将自己塑造成了"转轮王"，塑造成了佛祖所预言的"当王东土"的人。此时性别问题就不再是问题，因为她是"菩萨的化身"，菩萨根本没有所谓的性别。她利用《大云经疏》和《宝雨经》，给自己的政权抹上了一层合法的色彩，更重要的是让人们不再纠结于性别。儒家说："牝鸡之晨，惟家之索。"也就是说女人不能出来主事，女人如果主事就是一家的灾祸，而武则天用佛教压制住了儒家的教条。

武则天毕竟是男权社会下的女强人，她利用谶言、利用佛教信仰、利用群众心理、强调女德，都是在淡化自己的性别特征，并且在所谓的性别问题之上，再塑造一个超越性别的、神圣的形象，用来分散人们对于性别的纠结。这就是我所说的降维打击。

武则天在上位的过程中，可以说是"人挡杀人，佛挡杀佛"。太子李弘被她毒死后，紧跟着上台的是她的第二个儿子——章怀太子李贤。李贤与自己的母亲政见不合，又怀疑自己不是武则天亲生的，而是武则天的姐姐韩国夫人所生。这事不知真假，但是起码李贤是相信的，因此母子关系更加紧张。后来武则天以谋反的罪名将太子李贤废黜，流放到南方，最后又痛下杀手，派酷吏丘神勣去把他逼死了。

第三个上台的是她的三儿子李显，也就是唐中宗。李显上台之后急于求成，在自己的老婆韦氏的撺掇下，想用外戚的力量对抗自己的母亲。他想要拜自己的岳父韦玄贞为宰相，结果遭到了朝中群臣的一致反对。他口不择言地说："我以天下与韦玄贞，何不可！而惜侍中邪！"意思就是："我是皇帝我说了算，我就算是把天下让给韦玄贞又能怎么样？何况一个侍中呢！"武则天本来就在找他的碴，听到这句话之后简直"如获至宝"，立刻亲手把中宗从皇位上给赶了下去，理由就是他"要把天下给韦玄贞"。

最后上台的是她的第四个儿子李旦，也就是唐睿宗。睿宗排行第四，原本做梦也想不到有一天皇权会落到他手上，此时眼见着前面三个哥哥全倒了，他想要好好活下去只有一个办法，那就是"装尿"。在上台的第二天，他就把大殿让出来给母亲居住，并宣布除了祭祀之外的其他的一切军国要务，全部都交给母亲去打理。

到了公元690年，唐睿宗又亲自上表劝进，请母亲来称帝。于是这一年的九月九日，武则天在洛阳登基称帝。古人认为"九"为最高，所以九月九日是最大的日子，从这一点也能体现出武则天的性格。她改国号为"周"，以洛阳为"神都"，长安为"西京副都"，改元为"天授"，由此建立了自己的武周王朝。

作为一个政治女强人，武则天还特别注重视觉的改造。她在洛阳城的中轴线上修建天枢、明堂、天堂等一系列的巨型建筑，就是为了让全天下人一看到这些建筑，就能意识到已经改朝换代了，新时代来临了。

还有改造文字。武则天新造的一系列汉字的字形都有她的用意（见图3）。比如她自己的名字"曌"，日月当空照，霸气十足。她给"臣"字改造的字形，是"一"字底下加一个"忠诚"的"忠"，意思是在她一人之下，臣子们要忠诚。还有"国"字，是一个方框里加上"八方"两个字。其实原来不是这么改

的，第一个改造方案，是一个方框里加上一个"武"字，代表着
天下已经姓武了。结果有人提出反对意见，认为方框代表着监
狱，把武氏圈在里边，不吉利。武则天觉得有道理，于是把方框
里的字改成了"八方"，象征着四面八方。

　　武则天的上台就谈到这里。最后，我想引用一下陈寅恪先生
的话，对武则天进行一个总结。陈寅恪先生认为武则天的上台是
中国历史的一个转折点，他说：

　　"盖西魏宇文泰所创立之系统至此而改易，宇文氏当日之狭
隘局面已不能适应唐代大帝国之情势，……武曌以关陇集团外之
山东寒族，一旦攫取政权，久居洛阳，转移全国重心于山东，重
进士词科之选举，拔取人才，遂破坏南北朝之贵族阶级，运输东
南之财赋，以充实国防之力量诸端，皆吾国社会经济史上重大之
措施，而开启后数百年乃至千年后之世局者也。"

　　单从上文的这些举措我们就能看出，武则天的上台意味着中
国的政治形态发生了巨变。而在这个过程中，她所采取的一系列
措施，虽然初衷是巩固自己的权势，给自己的政权披上合法的外
衣，但是她无意当中完成了一个历史使命，那就是预示未来中国
政治格局的走向。

第十章

唐朝名媛：唐朝的女人如何活出自我？

唐朝是中国历代王朝当中，妇女地位相对而言最高的一个时代。唐朝女性在政治、文化、经济、艺术等各个领域内，都有着令人敬佩的成就。离开女性谈唐朝，必然是残缺不全的。上一章我们谈了武则天的相关问题，而这一章，我选择了唐朝其他几位杰出的女性。

先来说说上官婉儿。上官婉儿有个绰号，叫作"巾帼宰相"，她以前是武则天的秘书，在唐中宗时期则是事实上的军国要务的决策者。

2013年，在西安咸阳国际机场附近的空港大道，发现了上官婉儿的墓葬。

上官婉儿的人生跌宕起伏。她的曾祖父名叫上官弘，祖父名叫上官仪。上官仪是个相当重要的官员，进士出身，是当时文坛之领袖。但上官婉儿刚出生，她家就遭到了灭顶之灾，上官仪和上官婉儿的父亲上官庭芝一块儿被武则天给杀了，原因是上官仪劝唐高宗废武则天为庶人。

当时武则天的权势越来越大，高宗对武则天越来越警觉。宰相上官仪看不惯武则天，听说武则天让术士在后宫作法，引起了高宗的愤怒，他立刻就借着这个机会，劝高宗废了武则天。高宗同意了，把废后这件事交给他去办。于是，按照工作流程，上官仪就去起草废后诏书。这时武则天从宫女那里得知皇帝要废后的消息，立刻从后宫一路狂奔到大殿，指责唐高宗，让他给自己一个废后的理由。高宗本来就害怕武则天，被她的指责吓得一时之间乱了手脚。正好这时上官仪起草完诏书进来，高宗突然想到，他得找个台阶下，而上官仪就是那个最好的台阶。于是高宗伸手指着上官仪跟武则天说："是上官仪教我的！"

把事交给手下人去办，捅了娄子就是手下人的责任，哪有这样的？武则天心里也明白是怎么回事，但她必须得给老公一个台阶下，不能揪着他不放。于是夫妻俩达成了默契，让上官仪当了"背锅侠"，把上官仪和他的儿子上官庭芝一块儿杀了。

当时是麟德元年（664年），上官婉儿不满周岁，尚在襁褓之中。按照那时的法律，她和她的母亲郑氏被没入掖庭宫为官婢。

据说上官婉儿出生之前有异象，她母亲怀她的时候，梦见神人拿着一杆秤出来，说此儿未来可以称量天下。结果这孩子出生，竟然是个女孩。郑氏很失望，觉得一个女子怎么能称量天下，就问这孩子："尔非称量天下乎？"没想到这孩子竟然咿咿呀呀地来了一句："是。"这个故事出自《景龙文馆记》，不必当真。那时正是上官婉儿权势最大的时候，她手下的文人写这个，就是为了给她渲染一个故事。不过，"称量天下"四个字，上官婉儿担得起，因为她后来真的有这样的地位。

上官婉儿完成自己的人生逆袭是在十三岁。按理说，掖庭宫里的官婢是"人下人"，人生基本上没有翻盘的希望了。但是上官家族的遗传基因相当好，上官婉儿天资聪慧，智商高得不得了。十三岁的时候，她就已经以文章而闻名于后宫。而那时正是武则天身为皇后掌控大权的阶段，她急于培养一批女性人才为自己服务，所以在后宫中到处搜罗有知识有文采的女性。她听说十三岁的官婢上官婉儿才思敏捷，于是就找到她，来了个"命题作文"，上官婉儿一挥而就。武则天由此看中了上官婉儿，把她留在了身边。从十三岁开始，一直到三十多岁，上官婉儿就跟随在武则天的身边，并由此完成了自己人生的逆袭。

当然，这里边就有个问题，上官婉儿与武则天之间的关系太微妙了。武则天可是上官婉儿杀祖杀父的仇人，上官婉儿为什么不记恨自己的仇人？武则天怎么就放心用仇人的孙女？其实，这就是武则天掌握了上官婉儿的心态。

虽然武则天是上官婉儿杀祖杀父的仇人，可是祖父和父亲对于她来说就是个符号。他们被杀的时候，上官婉儿只不过是一个襁褓当中的婴儿，她对祖父和父亲没有什么印象，更谈不上有感情。可是武则天是个现实的存在，没有武则天哪有她上官婉儿的未来呢？再加上武则天的能力和人格魅力都很强，跟在武则天身边一段时间，她就不由自主地开始崇拜这位女强人了。武则天心里也明白，上官婉儿离开她就什么也不是，所以并不担心她搞什么复仇，相信她一定会死心塌地地跟着自己。两个人在心理上一拍即合。

不过上官婉儿人生最辉煌的阶段并不是给武则天当秘书的这个阶段，这只是她历练的阶段。她最辉煌的阶段是唐中宗时期。那个时候武则天已经下台了，中宗拜上官婉儿为昭容，也就是说上官婉儿成了中宗的妃子。上官婉儿的墓志告诉了我们大家一个以前根本不知道的事情：上官婉儿是在唐高宗时期被武则天任命为才人，然后在中宗时期又被拜为昭容的。这意味着上官婉儿跟她的政治偶像武则天一样，曾经侍奉过父子两代皇帝，这是以前的史书当中根本没告诉我们的。

唐朝这种乱了辈分的婚姻，我们已经看到了好几个。除了武则天和上官婉儿，杨贵妃也是嫁了父子两代——她先是寿王的老婆，后来又嫁给了自己的公公。事实上，唐朝就有这样的特点，这是草原游牧民族"收继婚"风俗的遗存。唐朝草原游牧民族的习性，在这个问题上也有展现。

那么为什么中宗要拜上官婉儿为昭容？最大的可能就是，这是武则天的政治遗愿。一方面，武则天这是在为上官婉儿找出路。按照唐朝的法令，没有生育过的后妃，必须离开宫廷出家，武则天不可能让上官婉儿过这样的生活。另一方面，武则天看得出上官婉儿是自己的粉丝，希望通过上官婉儿来延续自己的政治影响力，这大概是最主要的原因。

上官婉儿成为中宗的昭容后，跟中宗的韦皇后走得相当近。她力挺韦皇后，很多事都在模仿当年的武则天。比如，她让韦皇后学习武则天上书皇帝，恳请天下为母亲守丧三年。这和为父亲守丧的丧期是一样的，目的是提高女性的社会地位。她还给中宗皇帝上尊号为应天皇帝，给韦皇后上尊号为顺天皇后。前面说过，高宗以前叫天帝，武则天以前叫天后，她这是在模仿当年的唐高宗和武则天。

上官婉儿还很照顾武家的利益。上官婉儿一生棋输一着，就是因为她老是把私人感情和政治斗争混淆在一起。维护武家利益，维护武三思，这应当是武则天的政治遗愿，但上官婉儿做得有点过了，她和武三思之间还产生了男女私情。甚至，她还把武三思介绍给韦皇后，让武三思又发展成了韦皇后的情夫，用这种男女私情将三方结合在了一起。

另外，她还力挺安乐公主。但安乐公主是个"熊孩子"，她最大的野心是当"皇太女"，也就是在父亲死后由她继承皇位的意思。中国历史上有皇太子，也有皇太弟，什么时候有过皇太女？安乐公主通过韦皇后和上官婉儿，不断向皇帝提出这个要求。但问题在于，中宗皇帝已经立了李重俊为皇太子。后来，李重俊发现在父亲那里得不到应有的支持，面对着咄咄逼人的韦皇后、安乐公主和上官婉儿，只能铤而走险，带领几百人发动政变。李重俊杀死了武三思父子，然后又冲入宫中，想杀死韦皇后、安乐公主和上官婉儿。可最终政变失败了，李重俊也因此被杀。

这件事后，上官婉儿痛定思痛，她发现在政治两极当中，她跟韦氏集团走得太近了，这是非常危险的。所以，后来上官婉儿就想当政治上的骑墙派。她开始跟当时的对立面相王集团暗中建立联系。相王李旦是武则天的第四个儿子，曾经的唐睿宗。相王集团的核心成员除了李旦外，还有他的妹妹太平公主和他的儿子李隆基。

上官婉儿太理想化了，她认为自己可以不跟韦氏集团决裂，

119

再暗地联合一下相王集团中的太平公主（她认为女人之间好说话），两头都不得罪。这样，未来任何一方胜利，她都能落个好。但是她忽视了相王集团当中的一个重要人物——李隆基。

李隆基极端敌视女性当权，甚至对自己的祖母武则天都没有什么好感，他的政治底线就是绝对不能让唐朝出现第二个武则天。所以，后来他和太平公主将唐中宗的死因认定为韦皇后、安乐公主下毒，利用唐中宗之死发动了唐隆政变，铲除了韦皇后和安乐公主。

至于上官婉儿，按照太平公主的意愿，是一定要保全她的。但李隆基趁着政变那天太平公主不在场，当场下令把上官婉儿给杀了，一代才女就此陨落。之所以这样做，是因为李隆基已经开始为未来的政治斗争做准备了。他知道姑妈太平公主虽然现在是他的政治盟友，但未来一定是他强劲的对手。上官婉儿是个女强人，他的姑妈也是个女强人，两个女强人强强联合，还有他什么事呢？所以不如趁着姑妈不在场的当口，先下手为强，把上官婉儿杀了，断了太平公主的臂膀。这是李隆基打的如意算盘。

这都是史书当中没有记载的。2013年出土的墓志告诉我们，上官婉儿之死对于太平公主来说是一大损失。对于上官婉儿的死，太平公主极端愤怒，她命人为上官婉儿作墓志，并把这篇墓志变成了政治宣传的资料。墓志中说，上官婉儿曾与韦皇后和安乐公主展开殊死的斗争，甚至通过自杀的办法劝谏皇帝不要立安乐公主为皇太女。而最后上官婉儿见劝不动皇帝，甚至要求皇帝把自己由昭容降为婕妤，以示抗议。这些是历史事实吗？根本不是。

实际上，翻开《唐大诏令集》就能发现，上官婉儿由昭容变为婕妤那一年，她的母亲郑氏去世了，依照规矩上官婉儿要丁忧，而皇帝要夺情起复，让她戴孝继续工作。按照规定，上官婉儿要被降一级使用，所以由昭容变为了婕妤。这跟"劝谏中宗不要立皇太女"没有什么关系。

太平公主为什么要把故事塑造成这样？因为她要渲染上官婉儿之死的无辜，以此来证明李隆基不是个东西。上官婉儿的葬礼是由太平公主主持的，墓志是太平公主让人写的，这一套东西的背后其实就是太平公主与李隆基之间的斗争。上官婉儿的悲剧足以令人扼腕叹息，她极有才华，是当时文坛之领袖，又是"巾帼宰相"，当得起"称量天下"这四个字，但是一系列政治方面的失策，最后导致了她死于非命的下场。

既然刚才提到了太平公主，那下面就来说一说这位武则天的小女儿。坦白说，武则天似乎没有什么正常的儿女情长，她对自己的四个儿子可以说狠到了极致，杀死两个，流放一个，吓退一个。但奇怪的是，对女儿太平公主，她几乎倾注了所有的爱。

所以太平公主自小养成了一种自信张扬的个性，她以母亲为偶像，充满了政治欲望。虽然没有证据表明她想当女皇，但她一直想控制自己的兄长，想通过辅佐兄长李旦登上皇位的方式来掌握大权。

但是很快，她发现自己遇到了一个强劲的对手——她的侄子李隆基。在发动政变，铲除韦皇后、安乐公主之后不到十天的时间里，姑侄两个人的矛盾就开始集中爆发了。以钟绍京的任命和被贬，萧至忠、崔湜的被贬和被召回拜相为标志，双方的矛盾开始凸显。钟绍京是李隆基的人，而崔湜等人是太平公主的人，这个一上一下的过程中就展现了姑妈和侄子之间的斗争。

在后来出土的葛福顺墓志里也证明，李隆基几乎是从唐隆政变之后，就已经开始着手控制禁军，进行新一轮政治斗争的准备了。唐朝的政变很多，北门禁军永远是政变关键的胜负手，所以控制禁军极其重要。李隆基利用葛福顺等人，通过人事变动在禁军当中扩大自己的影响力，同时也限制了对手的影响力。反过来，通过兵制的变迁、编制的改变，太平公主等人也在与李隆基展开禁军控制权的争夺。

太平公主是武则天的女儿、唐睿宗的亲妹妹，位高权重，号称"镇国太平公主"。她在朝中遍植耳目，七个宰相当中，有五个出自她的门下。所以太子李隆基一开始居于劣势，只能处处采取守势。当时姚崇、宋璟等人反对太平公主废太子的主张，建议把太平公主放到洛阳去，让她离开长安，不要再跟太子斗来斗去。李隆基听说这个消息之后，非但不敢支持他们，反倒向皇帝上书，要求贬姚崇、宋璟到外地去。这就是因为当时的太子势力还不够，不敢和姑妈有矛盾，只能装尿。

还发生过一件事，当时李隆基有一个妃子杨氏怀孕了，他非常恐惧，决心把这个孩子给打掉。他不敢跟身边的人说，于是找最亲近的人，也就是他的老师张说在市场上买来了堕胎药，并亲自熬药给杨氏喝。没想到在熬药的过程当中，李隆基睡着了，梦见一个神人过来，把药锅给打翻了。他被吓醒了，睁眼一看，发现药锅果然躺在地上。他觉得这是天意，不敢再给杨氏喂堕胎药，让她把这个孩子生了下来。这个孩子就是后来的唐肃宗。

《旧唐书》记载这件事，很明显是为了渲染肃宗的君权神授，渲染他出生的神异性。但是仔细分析一下，我们就能明白李隆基当年为什么那么害怕了。那时候他还是太子，权势最大的人是太平公主。算一下肃宗出生的年月日，再往前推十个月，就能发现杨氏怀孕的时候正是唐中宗国丧期间。国丧期间不能听音乐，不能吃酒肉，更不能跟自己的后妃同房。如果杨氏怀孕的消息传出去，让太平公主知道，她一定会利用此事大做文章，说太子李隆基不是个东西，国丧期间与妃子同房，都怀了孕了，铁证如山。所以李隆基当时非常害怕。

但是话说回来，太平公主一生咄咄逼人，这种个性也害了她。正因为这种咄咄逼人的个性，所以她在什么事上都采取攻势，而事实证明，不是所有的时候都适合采取攻势的。比如她觉得，再加一把火，让唐睿宗把李隆基的皇太子位给废了多好。所以她找了一个术士跑去告诉唐睿宗，夜观天象发现彗星自轩辕入太微。意思就是说要除旧布新了，太子要上台了。

太平公主让术士对皇帝说这番话，是想让皇帝赶紧把太子给废了，否则太子要取而代之了。但太平公主真的不了解自己的兄长。唐睿宗跟太平公主的性格是相反的，太平公主斗志昂扬、积极进取，而唐睿宗恰恰相反。他是在血雨腥风的政治斗争当中长大的，前面三个哥哥是前车之鉴，因此唐睿宗遇到任何事，首先想到的是明哲保身。他听说天象是这样，于是决定顺应天象，宣布禅位于太子，自己当了太上皇。太平公主偷鸡不成，反蚀一把米，李隆基竟然因为她的计划顺理成章变成了皇帝。

必须要强调的是，这是胜负之关键，太子一旦变成了皇帝，就发生了本质的变化。这个时候，在政治上持首鼠两端态度的那些人，会选择投向皇帝这边；而太子当了皇帝，就有了更大的行为自主权，有了更多的资源。最后李隆基抢先一步发动了政变，铲除了太平公主，强势了一辈子的太平公主就此退出了历史舞台。

下面我们结合另外一个考古发现，谈一下宋氏姐妹。上官婉儿、太平公主，这都是如雷贯耳的名字，但是宋氏姐妹就不见得所有人都知道了。2021年在西安发现的唐代《杨承和碑》一出土，轰动一时，因为碑的书写者是唐朝著名大书法家柳公权，而且保存情况相对比较完好，字体清晰。我可以预言，《杨承和碑》很可能会变成柳体字的代表作。

杨承和是个宦官，也是杀害唐宪宗的凶手之一。他拥立了唐文宗，还卷入了牛李党争，最后被贬而死。他的案子与当时著名的大才女宋若宪密切相关。

杨承和曾经联合王守澄、魏从简、梁守谦等其他几名宦官，在政治斗争当中挑边站。当时唐敬宗驾崩，另外一位宦官刘克明想立唐宪宗第六个儿子绛王为皇帝，但是王守澄、杨承和、梁守谦这些人选择的是江王。在两派相持不下的情况之下，他们发动神策军，杀死了刘克明和绛王，拥立了江王，也就是唐文宗。

宋若宪是武则天时期著名大诗人宋之问的后裔，她的父亲宋廷棻一共生了一男五女，儿子愚不可教，而这五个女儿一个比一个厉害，分别是宋若莘（有的史料当中写作宋若华）、宋若昭、宋若伦、宋若宪、宋若荀，个个都是才高八斗。

到了唐德宗贞元时期，李抱真向皇帝汇报，说宋氏五姐妹非常有才，于是五姐妹一起被召入宫成了宫官。五个女子不仅替皇帝起草诏敕，在文坛上也具有相当大的影响力。她们经常品评那些男性诗人的诗歌，经过她们品评的那些诗歌，可以获得很高的赞誉。当时人们把宋氏五姐妹称为"五宋"。

到了唐文宗时期，宋若宪脱颖而出。其实宋氏五姐妹都很有才干，但是老四宋若宪活的时间是最长的。一直到唐文宗时期，宋若宪都在宫中，在宫官当中，备受重用。

后来唐文宗重用李训和郑注，这两位都是靠着宦官的力量上来的，当然更重要的一点是，这两位在皇帝还是太子的时候，就跟皇帝之间有政治方面的关系。别看唐文宗是宦官拥立的，但他时刻警惕宦官专权，想铲除宦官势力。李训和郑注上来之后，实行了一系列政治改革，其中重要的一点就是限制宦官的权力。后来就爆发了甘露之变。

在甘露之变前，李训和郑注曾经举报过当时的驸马都尉沈生，说他不当得位，而且是靠贿赂两个关键的人物上来的。他贿赂的两位大人物，一个是杨承和，另外一个就是宋若宪。

说实话，杨承和和宋若宪的案情究竟是否属实，已经无从考证，但是可以肯定，当时的唐文宗非常需要这种举报。皇帝下决心要铲除宦官势力，他就是要找宦官集团的碴，利用这些机会来定点清除这些大宦官。杨承和因此被流放、赐死，宋若宪受到牵连，最后也被赐死。后来甘露之变发生，李训和郑注的改革失败。甘露之变非常残酷，宦官对朝臣展开了反攻倒算，大量的朝臣及其家属遭到了杀害，政治形势急转直下，唐文宗从此也被宦官们严密控制起来了。

开成元年（836年）正月，唐文宗下诏为杨承和恢复名誉，也就等于间接为宋若宪恢复了名誉。但是一道诏书，真的就是为他们恢复名誉了吗？坦白说，这个为杨承和恢复名誉的行为，是宦官集团逼迫唐文宗做的。无所谓谁正义，谁邪恶，根本上就是两派政治势力之间的博弈，而这一阵由宦官集团占据了上风。所以说，宋氏五姐妹的命运，尤其是宋若宪的命运，与当时的时代背景息息相关。

其实唐朝还有很多杰出的女性，比方说建国功臣平阳公主、大才女薛涛、鱼玄机等，篇幅有限，以后如果有机会再做介绍。

第十一章

唐朝婚姻：唐人的婚姻观与贞操观

这一章，我们来谈谈唐人的婚姻观与贞操观。这是一个社会史的话题。在人类文明史上，家庭始终是社会的一个细胞，家庭问题永远是社会问题中的重中之重。唐代的婚姻与家庭问题，也能够折射出唐代的时代特色。

那么，唐人的婚姻有什么样的特点？首先，唐代婚姻的门第观念非常浓厚。隋唐前面是魏晋南北朝，那是中国贵族政治的高峰时代。既然是贵族政治，必然讲门第，必然讲阀阅。在这种情况之下，门阀与婚姻的关系就变得非常紧密。什么样的婚姻算最高等的婚姻呢？很多人可能认为是跟皇家联姻，当驸马，或者是把女儿嫁进皇宫。但咱们不要老按照今人的思维来理解古人，在唐人观念当中并不是这样的。

那在唐人的心目当中，什么样的家族才算得上是真正一等一的大家族呢？崔卢李郑王，号称"五姓七家"。这些家族从东汉以来就是门阀大族，魏晋南北朝是他们的黄金时代。到了隋唐时期，这些家族在政治上基本已经式微，没什么著名的大人物了，但是社会名望尚在，眼光高得不得了，全天下的人都以和这些家族联姻为荣，就连皇家和宰相家庭也不例外。这是当时的一个社会特点。

唐太宗对这种现象深恶痛绝，他觉得社会上重视的应该是当朝官员的品级，怎么能按照古代的门第高低来衡量本朝的门第高低呢？所以，他下令编撰《氏族志》，以当朝的官品高低为主要标准，对崔卢李郑王这些家族加以行政命令上的贬低。但是话说回来，令行禁止这一点在社会观念方面是做不到的。社会观念非常顽固，不是一纸行政命令就能够解决的。虽然有着种种限制，但包括魏徵等在内的一系列宰相级别的人物，都还是以与旧士族联姻为荣。

到了唐高宗时期，高宗和武则天眼前的红人李义府为他的儿子向山东旧士族求婚，但人家不搭理他。李义府一怒之下向皇帝告状。皇帝觉得，五姓七家不是喜欢相互通婚，不喜欢与外人通婚吗？好，就下个命令，禁止五姓七家相互通婚吧。

五姓七家得到这个消息之后，掀起了一股突击结婚的浪潮，大家都趁行政命令还没有生效的时候，赶紧结婚。哪怕彩礼还没准备好，也可以暂时不要彩礼了，先让夫家把人接过去。而且自从命令下来了之后，他们要夸耀自己家门楣高，就会跟别人介绍说："我家是'禁婚家'。"就是说自家在皇帝禁婚令的范围之内。处于禁婚范围内，也成了他们标榜门楣的工具。

就连武则天这么大的人物，也饱受门第观念之害。为什么这么说呢？武姓在中古时期是个小姓，所以，当时突厥的默啜可汗向李唐皇室求婚，看到武则天派出迎娶自己女儿的只是她的侄子武延秀时，才会勃然大怒，说"我可汗女当嫁天子儿"，换句话说是我女儿要嫁的是李姓，"武，小姓，冒冒为婚"。然后，可汗一怒之下发兵要打河北。可见连突厥人都受到了这种中原门第观念的影响，他们认为李姓才是皇家姓，武姓没有资格跟他们通婚。

但人是非常复杂的动物。武则天虽然饱受门第观念之害，但她自己也有着浓厚的门第观念。武则天把太平公主嫁给薛绍的时候，听说薛绍的哥哥薛顗的老婆姓萧，薛旭的老婆姓成，她竟然下令让薛家把这两个媳妇给休了，理由是"我女岂可使与田舍女为妯娌邪"。这句话就是说，我女儿怎么能跟一个姓萧的、一个姓成的当妯娌，那俩是"田舍女"，意思就是农村妇女。武则天非常瞧不起她们的门第。有人劝告武则天不要这么说，成氏就不说了，萧氏在南朝也曾经是一代天子，这个门第可不低。武则天听了这话之后才算作罢。可见深受门第之害的武则天，等到她嫁女儿的时候照样讲门第，这就是根深蒂固的社会观念。

我们现在有句俗话，叫作"皇帝的女儿不愁嫁"，但这话搁到唐朝不适用，唐朝皇帝的女儿照样愁嫁。比如唐文宗时期，皇帝想嫁真源、临真两位公主，为她们挑选的就是山东旧士族，结果没想到山东旧士族纷纷躲避，谁也不愿意接招。唐文宗气得不得了，跟群臣说："民间修昏姻，不计官品而上阀阅。我家二百年天子，顾不及崔、卢耶？"意思就是说，我家是二百年天子，我家的门第竟然不如山东旧士族的崔氏和卢氏吗？陈寅恪先生也曾经专门说过："李唐数百年天子之家，尚不及山东旧门九品卫佐之崔氏，然则山东旧士族心目中社会价值之高下，估计亦可想见矣。"在那个年代的门第观念当中，皇家虽然也算得上是高等级门第，但绝不是最高的。从魏晋南北朝以来的"五姓七家"，才是全社会人心目当中最高等级的门第。

唐宣宗时期发生过一件有趣的事情。宣宗要嫁万寿公主，让群臣推荐女婿，宰相白敏中推荐了当年的新科状元、大才子郑颢。郑颢原本已经向五姓七家中的范阳卢氏求婚，而且卢氏那边已经基本上答应了，郑颢高兴得不得了。金榜题名时，洞房花烛夜，眼看就要双喜临门，这个时候得到皇帝要选他当驸马的消息，郑颢一下就崩溃了。郑颢自打当上驸马，简直愤怒得不得了，但他不敢记恨皇帝，就把仇恨指向了媒人白敏中。从此，郑颢对白敏中恨之入骨，在皇帝面前不知道告了白敏中多少次状。

大中五年（851年），白敏中出任兵营行营都统，要到外地去任职了。临走之前白敏中担心得不得了，跟唐宣宗说："您让我到外地去当官，我没意见，但有句话我得跟您说。自打当年我推荐郑颢当驸马之后，这小子对我恨之入骨，我现在担心，我一旦到外地去，离开了您的眼前，他在您面前告我的黑状，我以后怕是死无葬身之地啊。"唐宣宗听了之后微微一笑，让宦官抬来了一个大柜子，里头满满一柜子的文件，他指着这些文件说："你以为郑颢这些年闲着吗？这一柜子文件都是他告你的状子，你看我相信过吗？你就放心走吧。"从郑颢的行为就能看出，他当驸马是多么不情愿，以至于都想把媒人置之死地。

唐代的墓志当中有个特点，墓主人娶了妻子，但凡妻子是崔卢李郑王这几个家族的成员，那必然不惜纸墨地大加渲染。那么崔卢李郑王的社会影响力是什么时候消散的呢？唐末五代时期。究其原因，一个是他们在政治上已经没有什么高官了，随着时间流逝，越往后他们的影响力越低，没落是迟早的事情。另一个是黄巢农民大起义转战全国。黄巢对这种高等级的门阀士族非常仇恨，走到哪儿杀到哪儿，旧士族大量地被消灭。所以到了五代、北宋时期，崔卢李郑王这些家族基本上没有什么影响力了。这是中国历史的一个转折点，起码在门第观念这个问题上是这样的。

有人认为门第观念影响的只是皇家，或者说上层社会，其实不是的，老百姓也照样受影响。老百姓也喜欢攀高门，如果攀不上高门，在双方门第不相等的情况之下，就得多掏钱，这叫作"垫门彩"，就是垫脚石，拿钱说话，拿钱铺路。所以唐人的婚姻往往伴随着大额的钱财的出入，因为男方家要给女方抛彩礼，女方出嫁的时候还要带大量的嫁妆。

有的人可能就要说，古人真想不通，男方要给女方家彩礼，女方家还要给大量的陪嫁，何必呢？两边做个减法，算个差价，一补不就完了吗？但这事还真不是一出一入这么简单，不能这么简单做加减法，它牵涉的是财产所有权的问题。

为什么女性要带嫁妆到男方家来呢？因为这是保证她家庭地位的一个重要武器。自古以来，两性关系的平等首先应该是经济权力的平等，而在男权社会之下，女性基本上很少有经济自主权。陪嫁是新娘子的私人财产，带过来之后，夫家也许能够享用一部分的收益权，但所有权始终是新娘子的。田地、生产工具这些东西，往往也是陪嫁的东西，是新娘子的私有财产，是保证她们在婆家不受气的法宝。所以陪嫁是必不可少的。

由于婚姻一出一进，往往伴随着大量的钱财往来，所以唐朝有一个行业非常兴盛，那就是做媒。因为做媒可以获得提成，所以唐朝上层社会的很多人热衷于做媒。比方说杨贵妃的姐姐虢国夫人、韩国夫人，就特别喜欢保媒拉纤。到了唐朝后期，宦官专权，他们也加入到这个队伍当中来。很多宦官充任婚姻的中介人，多取财货。而民间的婚姻也一样，有着大量的钱财往来。

很多民间家庭，由于家境贫困，要么娶不起妻，要么嫁不出女。有一首唐诗叫《寒女行》，里边说："寒女命自薄，生来多贱微。家贫人不聘，一身无所归。"最后四句是："他人如何欢，我意又何苦。所以问皇天，皇天竟无语。"一个长得楚楚动人，又非常能干的女孩子，就是嫁不出去。为什么嫁不出去？因为掏不起嫁妆。

唐朝女性社会地位高，在两性关系方面相对其他的时代来说比较宽松，可是再宽松也是中国古代的王朝，还是男权社会的基调，唐代讲"三从四德"的女性依然很多。什么叫三从？"未嫁从父，既嫁从夫，夫死从子。"什么叫四德？"妇德，妇言，妇容，妇功。"唐代的墓志在盛赞妇女的时候，一般第一个标准就是讲不讲"三从四德"，可见唐人所持的这种社会观念，与中国古代其他时代相比而言，并没有什么本质上的区别。

当然了，在其他一些细节上，唐人的观念相对来说的确比较开放。比方说媒人来了之后，家长会给子女一定的选择权；在再婚、男女之间的社会交往之类的问题上，唐人的容忍程度也比较高。尤其是唐代的上层社会女性，在这些方面比较自由。

举一个例子，白居易的《琵琶行》，"浔阳江头夜送客"，听到隔壁有人在弹琵琶，然后就"移船相近邀相见"了。一个已婚男，一个已婚女，大半夜的，素不相识，两个人促膝长谈，聊得很投机，白居易还把它写成了诗。在其他朝代，比如明清，女人要裹脚，要大门不出、二门不迈，像诗中的这种事是不可想象的。可见唐代的女性，在社会交往方面还是有一定的自由度的。

但我们对于唐朝女性的开放程度，也不可做过高的评价。我们说它高，那是相对于其他古代王朝，尤其是相对于宋代以后的那些朝代而言的。就恋爱方式而言，唐朝女性在这方面好像挺开放的，很多都是自由恋爱，在唐朝的笔记小说里就可以看到这一点。但物以稀为贵，正因为那个年代还是以包办婚姻为主，所以自由恋爱才显得尤为珍贵，才值得写成小说。如果搁到今天，大家都是自由恋爱的，哪本小说里会强调双方是自由恋爱呢？在那个年代，之所以能把它写到小说里边，恰恰说明自由恋爱少，不是没有，但是少。

而且，唐代的女性也讲守节，讲究守贞操、立牌坊、旌表门楣，政府对于所谓"守节"的妇女也多加奖励。不过，唐朝女性再怎么说，比其他时代的女性还是要开放一些的，即便是讲所谓的贞操观，她们的贞操观比起后世来说也更为宽松。

举个例子，杨国忠曾到浙东担任观察使，去了两年多的时间。在他回到长安的时候，他的老婆裴氏给他生了个孩子。杨国忠出差两年，回来之后老婆生了个孩子，那个年代就算再开放，碰到这种问题也得问一下吧？杨国忠就问他老婆这个孩子是怎么回事。裴氏是怎么解释的呢？她说："我日夜思念夫君，上天感应，让我在梦中与你相合，然后就身怀有孕，有了这个孩子。"杨国忠听了之后说："真应该感谢上苍。"然后这事就过去了。杨国忠是真的不懂吗？未必不懂。关键是他就睁一只眼闭一只眼，就这么过去了。

还有类似的情况，比如当时的藩镇节度使李师道写信邀请张籍来做自己的幕僚，张籍不愿意去，就写了一首《节妇吟》送给李师道，其实意思就是拒绝对方。而这首诗很有意思，是以一个已婚妇女的口吻，说我接到了你的求爱，我心里头很高兴，你送我的礼物也非常好，但是话说回来，我有老公，而且我家老公"良人执戟明光里"，我跟我老公关系也很好，因此我得拒绝你。但是最后两句是关键："还君明珠双泪垂，恨不相逢未嫁时。"

这首诗叫《节妇吟》，换句话说，颂扬的是一位贞洁烈女，而这位"贞洁烈女"的内心已经出轨了，人家向她求爱，她已经很心动了，最后"恨不相逢未嫁时"，说你来晚了，你怎么不在我没有出嫁的时候来求爱？要是那样的话该多好。这叫"节妇"，合着就是只要肉体不出轨，精神出轨就无所谓了。

可以想见，这首诗放到明清那种对妇女约束力很高的社会里会是什么样。明清的那帮冬烘老先生非常难以接受这首诗。明代的唐汝询评价这首诗："彼妇之节，不几岌岌乎？"意思就是说，这也叫节妇吗？她的节操不是岌岌可危吗？明末清初的贺贻孙说："节妇之节，危矣哉。"这节妇之节很危险了。清代沈德潜编《唐诗别裁》时，不收这首《节妇吟》，别人问他原因，他说："然玩辞意，恐失节妇之旨，故不录。"意思是虽然它号称《节妇吟》，但是看完了之后觉得这叫哪门子节妇，所以不能收录。

可见，同样是看待"节妇"两个字，唐与明清完全不是一个概念。明清的节妇，那就是恨不得把女子锁在屋子里头，一个男人都见不到，这才叫作节妇，而唐朝则完全不是如此。

唐朝社会开放，所以唐代的婚姻有个特点：即便是包办婚姻，往往也会创造各种条件，让男女在婚配之前能够见一面。换句话说，就是让他们也能够发表一点自己的意见。著名的宰相李林甫有六个女儿。李林甫在历史上以奸臣著称，不过抛开他在政治上的得失问题，就说在子女婚姻这个问题上，李林甫是个开放的家长，态度还是比较端正的。他在家里办公，经常有年轻的官员到他家里来奏事，于是李林甫在办公室的墙上开了一个小窗，经常让女儿坐在窗户后头，有年轻的官员来了之后，就让女儿们看，看中谁跟他说，他去暗示一下那小子来提亲。可见李林甫在这个问题上的态度是相对比较开放的。

那么，唐代的婚姻有哪些程序？唐代的婚姻程序，跟先秦的婚姻程序没有什么本质的区别，都要经过所谓的"六礼"，就是纳采、问名、纳吉、纳征、请期、亲迎。

首先是"纳采"。纳采指的是男性请媒人上门提亲。然后是"问名"。问什么名？问女方的名字，因为在那个年代，很多女性的名字外人是不知道的，既然要提亲，就得问问名字和生辰八字。拿了生辰八字之后，进入婚姻第三个程序——"纳吉"。纳吉就是算八字，如果算完合适，就进入很关键的第四个程序——"纳征"。

"纳征"就是男方向女方家送彩礼。《唐律疏议》规定，从这里开始，法律就要介入并保护这段婚姻关系，因为双方之间出现了财产关系。然后"请期"，就是由男方选出一些黄道吉日，然后向女方家提出请示，让他们选个日子。女方选好日子之后，就进入婚姻最后一个程序——"亲迎"，就是正式的婚礼。

唐朝的婚礼跟先秦以来的婚礼一样，是在傍晚举行的。儒家解释说，傍晚乃阴阳交泰之时，合男女婚配之意。但是有学者认

138

为，这种傍晚结婚的风俗是上古抢婚风俗的遗存。这种风俗是如何起源的，这里暂且不论，但是起码证明了一个事实，唐代的婚礼主要是在黄昏举行的，所以原先的"婚礼"没有"女"字旁，都是用"昏暗"的"昏"这个字，后来才加了"女"字旁。这是从先秦到唐一直以来的风俗。

但是，现在中国有些地方的婚礼是在中午举行的。这个现象又是什么时候出现的呢？应该是明代，而且起源于下层社会。其实原因说来令人啼笑皆非，但想一想也很现实。傍晚举行婚礼，婚礼要一直进行到半夜，光烛火、灯油就是一大笔开销，下层社会的老百姓掏不起这笔照明费，于是把婚礼放在中午举行，这样到下午也就结束了。

这种风俗从明代开始，到现在已经成了很多地方的风俗，有的地方甚至说初婚的婚礼在正午举行，再婚的婚礼在黄昏举行。中国这么大，很多地方的风俗不一样，现在在很多地方还保留着傍晚结婚的风俗。在京津地区，北京是中午举行婚礼，隔壁的天津就是傍晚举行婚礼，这是很有意思的现象。

婚礼什么时候都是欢乐的，非常热闹。敦煌壁画当中的唐代婚嫁图显示，婚礼现场高朋满座，场地中间用屏风隔出一片区域，还有舞女在表演。

在唐朝的婚礼上，除了歌舞、酒宴之外，还有很多的风俗。

比方说"下婿",就是女婿到女家来拜阁的时候,女家父女手持棍棒打他。这种习俗说是为了戏闹,其实我觉得这里边有点暗含警告的意思,就是"小心点对我们家姑娘啊,别欺负我们娘家没人,你看我们这帮人多厉害"。

另外还有一个风俗,跟后来的不一样。从先秦一直到唐代,进洞房之后,新娘应该是什么装扮呢?很多人觉得新娘应该盖个盖头,但是那个年代没有盖头这种东西。唐代的新娘进了洞房,也不能马上就跟新郎见面,要拿一把团扇挡在面前,新郎要念一首"却扇诗",念完了之后新娘把扇子撤掉,夫妻两个才算正式见面。

从先秦到唐,中国人的扇子都是团扇,没有折扇。折扇是日本人的发明,宋代的时候才进入中国,在此之前没有折扇。《资治通鉴》胡三省注说魏晋南北朝的腰扇就是折扇,那是胡三省搞错了。

再讲一讲唐人的家庭生活。唐代是事实上的一夫多妻制。但是"妻"在古汉语当中和"妾"有着本质区别,非要较真的话,我们应该称唐代的婚姻为"一夫一妻多妾制"。

为什么妻和妾不一样?那是因为妻是正式的配偶,妾是私人财产。她们的来源也不一样,妻要明媒正娶,而妾有的是购买来的,有的是收纳客女而来的,有的甚至是抵债而来的,还有从赌场上赢来的，总之，妾是一种私有财产。不是说妻死了，就可以把妾变成妻，这在法律上是被严格禁止的。这不是晋升职称，妻永远是妻，妾永远是妾。妻和妾之间泾渭分明。

唐代曾经有过这样的现象，有个人妻子死了，他想把妾变成妻，但是为当时礼法和法律所不容，社会舆论汹汹，最后他干脆跟他的妾厮守一生，不再娶正妻了。关于这个问题，我给大家推荐两篇文章，陈弱水写的《崔玄籍夫妻关系考——试谈唐代的以妾为妻与礼法问题》，还有陈尚君写的《杜佑以妾为妻之真相》。看了这两篇文章之后，对唐人的妻和妾之间的界限问题就会有所了解。

另外唐朝还出现过"并嫡"现象，就是一个家里有两个正妻。在唐代的名人当中就有这个现象，安禄山、王毛仲、安崇荣都有两个正妻。在出土的敦煌文书当中也记载过，敦煌县龙勒里乡有十七户人家，它们当中出现"并嫡"现象的竟然多达六家，这个比例很高了。之所以会出现这样的现象，一般认为有两个原因。一是跟魏晋南北朝时期战乱频繁有关。战乱年代经常出现亲人之间消息隔绝的现象，夫妻离散多年，相互之间消息不通，于是男方又娶了妻。等到战乱结束，男方发现原来的妻子还活着，便又恢复了婚姻关系，所以前后娶的两个都是正妻。二是一家有兄弟两个，其中一个死了，或者是其中一个没有生育能力，往往就会由另一个娶两个正妻，生两个儿子，将其中一个过继给他，等于是为他续香火。"并嫡"现象，从魏晋南北朝到隋唐一直存在。

既然说到婚姻与家庭，就得说一下休妻的问题了。唐朝执行的是"七出"政策，就是有七项条件，满足其中一项就可以休妻。这七条就是：无子、淫佚、不事舅姑、口舌、盗窃、妒忌、恶疾。

"无子"不用说了，"淫佚"，就是作风不好。"不事舅姑"，"舅姑"不是舅舅和姑姑，而是公婆，这里的意思是不侍奉公婆。"口舌"，就是搬弄是非。"盗窃"也不用解释。"妒忌"，就是不让老公纳妾，我们今天看来很正常的事，在那个年代是休妻的理由之一，这是男女地位不平等的一种体现。还有"恶疾"，如果妻子有了重大疾病，就可以休妻，这很不人道。

当然，在"七出"之外，也有保护女性的"三不去"，如果女性满足其中的一条，就不能休妻。

一是"持舅姑之丧"，就是在公婆在世的时候伺候过公婆，公婆去世后，在守丧期间内不能休妻。二是"娶时贫贱而后富贵"，贫贱时候娶的老婆，不能在富贵之后就休妻，法律不允许，这是杜绝出现"陈世美"的举措。三是"有所受无所归"，娶妻的时候娘家有人，后来由于某些缘故，娘家没人了，就不能休妻。原因很简单，那个年代的女性没有独立的经济地位，休妻之后，让她去哪儿呢？这不就是让她饿死吗？

除了男性可以休妻外，唐代女性也有提出离婚的自由。《唐律疏议》规定，"义绝则离"。这句话翻译成现在的法律语言，就是夫妻感情破裂就允许离婚。只要觉得感情破裂，就可以提出离婚，当然了，法律同时也允许复婚。所以说，唐代的法律既有对女性的限制，也有对女性的保护。

婚姻与家庭问题，放在任何一个时代，都能反映这个时代的时代特点。唐代的种族、生嫁、新老贵族的矛盾、社会风俗、道德观、贞操观等问题，在婚姻与家庭这个细胞上都有所展现。

| 第十二章 |

科技发明：解密唐朝的那些黑科技

这一章，我们来谈谈唐朝的那些"黑科技"。严格意义上来讲，科学和技术是两回事，把科学和技术合称为"科技"，是现代的词汇。但是不管怎么样，唐朝仍然有一些技术亮点，让我们感到耳目一新。在此，我们就重点谈一谈唐朝的技术问题。

造纸术、火药、指南针、印刷术，是我们耳熟能详的"四大发明"，由英国汉学家李约瑟正式提出。但是在此之前，马克思曾经认为是"三大发明"。他在《1861—1863年经济学手稿》中说："火药、指南针、印刷术，这是预告资产阶级社会到来的三大发明。"而在李约瑟总结的"四大发明"中，有两大发明历来被认为出现于唐朝，一个是火药，一个是印刷术。印刷术出现于唐朝没有什么争议，不过火药的问题，我们还需要辩证地看待。

火药之所以叫火"药"，就是因为它是在炼制丹药的过程当中被发明出来的，原本的目的是造一种药。研究火药史的冯家昇先生在《火药的发明和西传》中给火药的定义是这样的："火药为'火'与'药'合成的一个复合词，火这个字很清楚，因为它是发火而生。药这个字是因为火药的三种主要成分：硫黄、硝石、木炭，都是药。"

硫黄、硝石和木炭这三种东西，在古代都跟道家炼丹密切相关，而古代的炼丹家就是中国最早的一批化学家。李约瑟写的《科学前哨》认为，广义的"火药"应该指的是所有硫黄、硝石与碳质物的混合物。既然是"碳质物"，有些能够起到木炭作用的东西，比如烧焦的皂角、蜂房，与硫黄和硝石合在一起就是"原始火药"，也就是我们耳熟能详的"黑火药"。

关于火药的发明时间，实际上学界一直有不同的看法。有人认为可能至迟在汉代，火药就已经出现了，有人则认为火药发明于魏晋南北朝时期。王坚先生曾对各种看法做了一个总结。早期的研究者曹焕文参考了《庚辛玉册》《遵生八笺》《淮南子》《证类本草》《蜀本草》等医道书籍，认为火药早在魏晋就已经出现，南北朝时期技术已经成熟。但是他的观点缺乏直接的证据，在这些书中只能看到硫黄、硝石和碳质物常规都有运用，但没有将这三者混在一起的情况。

王玲先生在1946年提出，炼丹家在公元3世纪（即东汉末期到魏晋早期）发现了混合物的爆炸性质，到11世纪的时候有了准确的认知，并且有了实际的运用。冯家昇认为《诸家神品丹法》《真元妙道要略》《铅汞甲庚至宝集成》这三部道藏丹书中都涉及了火药的配方。比如《铅汞甲庚至宝集成》中提到一个"伏火矾法"，里面提到了硫黄、雄黄、硝石、木炭等物，看起来已经是火药的成熟配方了。《真元妙道要略》里则直接提到了用硫黄、雄黄、硝石和蜜合炼之后，起火烧毁房屋的事，火药的性质看起来也非常明确了。而《诸家神品丹法》中的"伏火硫黄法"就是唐代中期的道士发明火药的证据。

但是这些研究，多多少少都有些问题。道教史的研究有一个难点，那就是道教的很多经典，成书的年代都需要考证。好多书上标注的成书年代，不见得是真正的成书年代，有可能是托古之作。冯家昇先生对他所依据的这些书的成书年代，并没有仔细地考证过。

比如《铅汞甲庚至宝集成》这本书，成书时间写的是"大唐元和三年戊申甲子月壬申日"，但仔细考证就会发现干支对不上。王家葵先生对于这本书专门进行过考证，发现元和三年的干支不是戊申，而是戊子，而且该年的甲子月，也就是十一月，是乙卯朔，没有壬申日。所以所谓"元和三年（808年）发明火药"

这个说法肯定是错的，是后人随便捏造了个日期写上去的，因此出现了这样的乌龙现象。

容志毅先生在《〈太上八景四蕊紫浆五珠降生神丹方〉外丹黄白研究》中认为，东晋就已经有了火药的雏形。东晋时期的人已经发现硫黄、雄黄、雌黄和硝石、木炭合在一起之后会有爆炸的危险，他们采取的解决办法，是在摆放这些药品时，用熔点高达1100℃的空青把它们隔开。为了隔得更有效果，还要把空青垫得比较厚。虽然这里没有直接提到火药的发明，但是容志毅先生的逻辑是，既然在东晋时期，人们已经有了这几样东西合在一起会起火爆炸的意识，这不就是火药吗？

关于火药的发明时间，虽然流行的说法是唐朝，但也不能因此就将它归于唐朝。现在看来，火药的起源还是一个众说纷纭的问题，但是发明权落在中国这件事是确定的。至于发明时间究竟是魏晋南北朝还是唐朝，目前尚无定论。

下面我们来谈一谈印刷术。说起印刷术，我们最先想到的就是毕昇发明的活字印刷法。但毕昇的活字印刷，重要的其实是发明了这样一种理念。他的泥活字在实际应用方面效果很差，根本就没有普及开，中国古代印刷术的主流还是雕版印刷。

为什么活字印刷应用范围那么窄，没能流行起来呢？一方面是因为泥活字本身不够坚固，容易损坏；另一个特别现实的社会原因是，泥活字排版需要大量有较高文化水平的排版工，而古代人受教育的程度普遍有限，拥有较高的文化水平的人大多选择科考入仕，不会去当排版工。而雕版印刷对工人的文化素质要求很低，只要认得编号就可以。印刷厂想找到合格的活字排版工很难，而找雕版印刷工人就简单多了。所以直到清代，中国的印刷术还是雕版印刷占据主体。

唐代是印刷术发明的时代，那时发明的就是雕版印刷。辛德勇先生认为，印刷术起源于唐代的佛事活动。当然，辛德勇先生不是这个观点的发明者。日本学者藤田丰八和中国学者向达，早在20世纪20年代就已经提出了这样一个观点，认为之所以最初唐朝的印刷术主要集中在佛教这个领域内，是因为它来自佛事活动当中的"捺印佛像"。当时人在抄写佛经的时候，有时要在佛经上画一个佛像。但不是所有人都会画画，为了解决这个问题，他们会在一块木板上刻一个准确的佛像，需要的时候，就像印章一样扣一下。

到了后来，随着佛教密宗陀罗尼信仰的普及，印刷术应运而生。密宗的陀罗尼信仰有一个特点：信仰者要持有《陀罗尼经》，而且最好不是汉文的，而是梵文的，这样才能够起到功效。可是在中国，懂梵文的人可以说是凤毛麟角。在这种情况下，他们就把原来"捺印佛像"的方式搬到了《陀罗尼经》上来，搞一块大大的木板，把梵文刻在上头，需要的时候就扣一个。最早的雕版印刷，就这样发明了。所以，我们目前所见的世界上最早的印刷品，基本上都是《陀罗尼经》。

20世纪60年代，在韩国庆州佛国寺的释迦塔中发现了当年建塔时埋进去的一些物品，其中包括经书。而在这些经书中，赫然发现了一部印刷的《无垢净光大陀罗尼经》。这在当时曾经引起了一番争论，韩国学者据此认为韩国是印刷术的发明国。他们断定这个东西是武则天时期的，而它被发现于韩国，就是印刷术起源于韩国的证据。

中国学者直到20世纪80年代才知道这个消息，并对此进行了反驳。他们的理由是，庆州就是原来新罗的首都，庆州佛国寺的塔本来就是唐朝的工匠过去修建的，里边的那些东西，极有可能是唐朝的工匠带过去的。况且在盛唐时期，新罗还在大量使用竹木简，连纸张都做不到普及，更遑论印刷了。所以，这个东西不足以作为"韩国是印刷术的发明国"的证据。在我看来，中国学者的反驳是有道理的。

现在韩国学界应该已经把这个观点收回了。第一，塔里的文物来自哪里，还没有明确说法。第二，关于这部《无垢净光大陀罗尼经》的印制时代，现在又有新的鉴定，认为有可能是11世纪的产物，这就更谈不上"最早"了。所以，韩国现在认为他们是

"金属活字印刷术"的发明者，而不再坚持认为自己是印刷术的发明者了。

另外，日本也发现过中国早期的《陀罗尼经》，叫作《百万塔陀罗尼经》。所以说《陀罗尼经》对梵文的要求，间接促成了雕版印刷术的发明。

唐朝还有一种有意思的文物——香囊。香囊在出土的唐朝文物中多有发现，但由于原先出土这种东西的时候对它缺乏了解，有人把它命名为"银熏炉"。后来在法门寺出土了相同的东西，而法门寺的《物帐碑》上明确记载它是香囊，我们才知道原来这就是唐人说的香囊。

这也就解释了另外一个问题。杨贵妃死了以后，长安被收复，唐玄宗从成都返回，思念爱妃，在马嵬驿挖开了杨贵妃的坟墓，发现"肌肤已坏，而香囊犹在"，身上的肌肉都已经烂掉了，但是香囊犹在。我们原先理解的香囊就是端午节用布缝的小香包，所以当时有人就有个疑问，既然肉体都已经腐烂，香囊为什么不烂呢？现在我们才知道它为啥不烂，因为它是金属的。

这是机械学方面的一大发明。它以中间水平线为界，平均分割成两个半球形，下层球体中又设了两层银质的、双轴相连的、同心圆的机环，不管人走路怎么颠簸，球体都能保证永远向上，方便随身携带香料。很多香料使用的时候是要点燃的，火星冒出来当然不好，所以球体要永远向上，托着香料。

这个原理后来在大航海时代被用到了陀螺仪上面，而这个东西是中国人的发明，早在西汉就已经有了。西汉时期司马相如写的《美人赋》里边写过"金鉔熏香"，金鉔就是香球，而且是可旋转的香球。所以它极有可能指的就是这种香囊。

《西京杂记》记载，这个东西的发明者是长安的一个工匠，名字叫丁缓。他做了一种"被中香炉"，就是把它拿到被子里边都没有关系，不管怎么触碰，都不会把被子点燃。因为"为机环转运四周，而炉体常平"，它里边有机环，不管怎么颠簸，炉体永远是平的，所以能够放到被子里边，在里面放上木炭取暖。

现今已知的唐代的金银香囊，一共有十三件，国内出土了八件，另外在日本、美国、瑞典等国家都有收藏。由此可见，这个东西应该是由中国传向世界的，比如日本正仓院中的香囊，就是由遣唐使带回去的。

13世纪到14世纪发现于叙利亚大马士革的香囊，跟中国香囊的构造几乎是一模一样的，而它的外面都是阿拉伯的纹饰。这就是唐朝技术外传的一个证明。

说完输出的技术，我们再来看一个输入的技术——自雨亭。自雨亭是夏季用来纳凉的一种亭子。唐玄宗时期，李林甫手下的红人御史大夫王鉷被抄家的时候，负责抄家的官员在他家里边发现了一座自雨亭。它应该是使用了某种机械提水的装置，看起来只是一个亭子，但是夏天的时候，从顶上能够有水流下来，在四面都形成小瀑布，人坐在亭子当中，感觉非常凉爽。

刘禹锡写的《刘驸马水亭避暑》也提到过这种自雨亭："千竿竹翠数莲红，水阁虚凉玉簟空。"说的就是这样的水亭。《唐语林》还记载说，李隆基御座的后面也有一个"水激扇车"。他坐在大殿当中，不可能有自然河流，哪来的流水驱动扇子呢？可以想见，大概也是利用了某种机械抽水装置的。

亭子后面有一个水车造型的东西，应该就是提水装置。这种技术极有可能来自拜占庭，因为东罗马比中国更早就已经出现了这样的设施。向达写的《唐代长安与西域文明》认为中国的自雨亭应该来自西亚，而西亚的自雨亭应该是来自东罗马。

唐代还有一种有趣的自动机器——自动梳妆台。《太平广记》引《记闻》里边说，开元年间有一个能工巧匠，名字叫马待封。马待封给皇后造过一种自动的妆具，分为两层，各种工具都放在里边，按下对应的机键，就有一个木头做的妇人拿着你需要的东西送出来，用完了之后放到木人手上，木人就能退回去，门关上，很奇妙。《朝野金载》也记载过，说当时有一个洛州的县令，名字叫作殷文亮。这个人有巧思，他用木头做机器人，这个机器人甚至能够陪你喝酒，还能够唱歌。到现在我们也不知道歌声发出的原理。

另外《朝野佥载》还记载，有一个将作大匠叫杨务廉，他做了一个木头僧人放在市场上，木头僧人手里拿着一个碗向人化缘，如果把钱扔进去填满它的碗，木头僧人就能喊出一声"布施"，意思就是谢谢你的布施。人都是有好奇心的，老百姓听说市场上有这么个稀奇的玩意儿，于是排着长队往他的碗里边扔钱，就为了听它那一句"布施"。杨务廉做了这么个东西，发了大财。那这种自动机器的原理是什么？是怎么发出声来的？我们到现在也不清楚。

我们再来看一下农业方面的发明。唐代农业方面的一个重大发明就是曲辕犁。在曲辕犁出现之前，中国人用的都是直辕犁。曲辕犁犁辕缩短，减轻了整个犁的重量，而且辕由直变曲，降低了犁的受力点，农夫的体力消耗也随之降低。所以曲辕犁在唐代一经发明，马上就取代了直辕犁，一直被运用到近代。

唐朝还有一个技术——制造玻璃。唐朝的玻璃器皿非常精美，法门寺出土的那些唐朝玻璃器皿审美水平非常高，令人叹为观止。

我们必须承认，中国自古以来的玻璃制作技术不如欧洲和西亚地区，因为我们的玻璃成分跟人家不一样。中国从战国时期就有玻璃，但先秦时期的玻璃器皿透明度不高，看起来像石头。因为我们用的是铅钡玻璃，而地中海地区用的往往是钠钙玻璃，钠钙玻璃的延展性和透明度都比铅钡玻璃要好。

但是到了隋代，中国的工匠何稠发明了高铅玻璃，就是在炼制玻璃的过程当中提高了铅的含量。虽然还做不到像钠钙玻璃那么高的透明度，但是起码解决了中国玻璃器皿的一大问题——延展性问题。解决延展性问题之后，就能够吹制或者压制出更为复杂的器型，也算是一个改革。

当然了，仅仅有高铅玻璃还不够，谁不喜欢那种透明的玻璃呢？所以唐朝引进了很多钠钙玻璃，法门寺出土的这一批玻璃器皿极有可能就是钠钙玻璃。唐人把玻璃当作宝石来对待，因为玻璃非常珍贵。在唐代，玻璃有个称号，叫"琉璃"。

在唐代的很多壁画和日本正仓院所藏的一些文物中也有玻璃器皿的身影。

另外我们还要讲一个唐代外科手术的问题。我在很多平台上都讲过中国古代的外科手术，光看中国古代，在大汶口文化遗址当中就有过开颅手术的痕迹，全世界范围内类似的开颅手术的痕迹已经发现了几百个。经常有人质问，古人怎么可能懂外科手术？尤其像颅脑外科手术或者胸腹腔外科手术这样高难度的手术，他们又不懂解剖学，怎么可能成功？要我说，这个思维模式是错的，正因为他们不懂，所以才敢动刀子。在华佗之后，中国外科手术逐渐式微，就是因为懂得越来越多了，懂得多了，就不敢动手了。

我们今天要说的不是整体的外科手术发展史，而是唐代的"针拨白内障"技术。针拨白内障技术是印度发明的，是从国外输入唐朝的一种技术。至少在北凉时期翻译的《大般涅槃经》中就已经提到过"金篦术"，是用一种扁长、锐利的工具，把白内障的那层膜划开，然后剥离，这就是针拨白内障技术。

中国人在北凉时期就知道了针拨白内障技术，到了南朝，在《梁书》当中就已经有了记载。当时有一个叫慧龙的僧人，专门用这个技术给达官贵人治病。由此可见，在南北朝的时候，这个技术已经开始流行，到了唐代，技术已经很成熟了。

唐代很多诗人都写过这个技术，比如杜甫写过"金篦空刮眼，镜象未离铨"，刘禹锡也写过"师有金篦术，如何为发蒙"。针拨白内障技术从十六国时期传入中国，一直用到20世纪80年代才被更先进的技术所取代。

下面我们再谈一下唐代的另外一个黑科技——水密舱。水密舱就是用隔舱的方式把船体分为若干部分，使得船在航行的过程中如果一部分船体破损，不至于整船皆沉。水密舱是船舶设计史上的一个里程碑，因为它大大提高了船只的抗沉性能。

1973年，在江苏的如皋曾经发现过唐代的木船，这条木船被认为是迄今为止发现的最早采取水密舱结构的古代船只，而且我们推测它是古代南方盛行的四大船型之一的"沙船"。水密舱是船舶设计史上的一个重要的发明，一直到现在，船舶抗沉还在用这样的技术。

　　这一章我为大家介绍了唐朝的各种技术，希望能对大家有所帮助。

| 第十三章 |

唐朝之美：唐朝人的审美观

　　这一章，我们来聊一聊唐朝和它的美。不知道是不是爱屋及乌，我觉得唐朝的审美观是中国审美观的一个高峰，简约、大气、艳而不俗，而且唐朝的审美有一种性格张扬的感觉。毕竟唐朝是中国文化的青春期，那个时候正是性格张扬、肆意奔放的时代。

　　唐朝的文化，一方面承接了汉晋以来的传统文化，另一方面融合了草原游牧民族和其他地区的文化，开放而包容。再加上那个年代妇女受约束比较少，性格比较奔放，在这种情况之下，很多东西都会体现在审美观上。

　　所以这一章，我们要讲一讲唐人的审美观，比如唐人用的纹饰、家具、建筑、首饰等。一句话，要把"唐味儿"展现出来。

什么叫唐味儿？我也说不清。我不是文物鉴定专家，我是研究历史的，我到现在也不会鉴定文物，但是唐代的文物看多了之后，就会自然而然产生一种直觉：这个东西摆在我面前，我就能感觉出来这个东西有没有唐味儿。这是熟能生巧，看多了就会有这种感觉。

先来说说建筑。唐朝的建筑大气恢宏（隋唐时期的建筑都是这个特点），完全符合唐人的审美观。关于唐朝的建筑，我们可以在顾炎武的《日知录》里看到相关记载。顾炎武是明末清初人，他所见到的隋唐时期的旧建筑比我们现在见到的要多得多。他在《日知录》里说，他走遍天下各州县，发现只要是唐朝的旧址，城郭无不高大巍峨，街道无不宽阔笔直，建筑个体也都必定高大。他还说了一句话："宋以下所置，时弥近者制弥陋。"就是说，宋朝以后的建筑一代不如一代。

唐朝的建筑就是这样，庄重、大气：屋檐往往出檐深远，斗拱雄壮，整体比例匀称；装饰色彩要么非常简约，要么艳而不俗；连窗栅栏都是那种条状的栅栏，没有那么繁复的、雕梁画栋的感觉。

说实话，宋明时期倒还罢了，我个人感觉，中国很多的艺术品都有一个越往后越繁复的趋势，从工艺水平上来说越来越精湛，但是从审美上来说走向了烦琐化，越往后发展越是这样。

　　唐代长安城四四方方，街道宽阔笔直，朱雀大街平均宽度一百五十五米。一百五十五米有多宽？中国到现在没有一条城市道路能够达到这样的宽度，就连天安门前面的东西长安街，平均宽度也只有一百二十米。朱雀大街不仅宽阔，里边的那些建筑个体也大得不得了。而大明宫含元殿比今天北京故宫的太和殿还要高大，这就是唐代审美观的体现。

　　现在留存在我国境内的唐代木结构建筑只有三个半。这三个半里，有三个都在山西，分别是五台山佛光寺、南禅寺、广仁王庙，还有半个是河北正定开元寺的钟楼。因为有一半被清人维修过，所以说它是半个。

　　五台山佛光寺东大殿是林徽因和梁思成发现的，出檐深远，斗拱雄壮，窗栅栏就是简单的格栅，从窗户还能看见斗拱。

　　除了建筑之外，唐人审美观的雄浑大气还体现在它的壁画和雕塑上。以唐代的佛像为例，在唐代之前的南北朝，佛像的五官和衣着还具有印度和犍陀罗的风格，五官还没有完成本土化。到了隋唐时期，佛像的五官已经基本上完成了本土化，就是我们常见的国人的形象。具有代表性的就是洛阳龙门石窟的卢舍那大佛，这尊佛像的脸就是典型的中国人的面孔，庄严而又不失秀美。

　　再看壁画。比如飞天，如果要评价魏晋南北朝时期飞天的画法，说得好听点叫"古拙"，难听点就是比较幼稚，飞天的腰都是那种九十度的"直角腰"。但是唐代的壁画飞天，线条流畅而优美，俨然已经成了敦煌的象征。

另外，说起唐朝的审美，尤其说到绘画和雕塑，我们必须回答一个问题：唐人是以胖为美的吗？这个问题我要跟大家说清楚。唐人是不是有过以胖为美？有过。但是审美观随着时代的不同是会变化的。诸位想一想，你们小学时候的审美观和现在一样吗？二十年前的服装和现在的服装一样吗？不一样。唐朝一共近三百年，审美观前后也是有变化的。

初唐时期，秉承魏晋南北朝之风，壁画、雕塑里的人物身材都比较瘦削。著名的《步辇图》上出现了一批唐代的宫女，那些宫女身材都很苗条。越往后，尤其是到了盛唐时期，壁画和雕塑里人物的体态就越发丰腴起来了。所以，以胖为美是盛唐时期的审美。

有人说，以胖为美就证明唐人经济发展水平高，营养好，所以都胖。说起这个话，我就想起有人到兵马俑去参观，然后问我，于老师，兵马俑平均身高都在一米八以上，秦朝人怎么这么高？怎么现在的中国人就达不到这个平均高度了？我说，兵马俑是给皇帝陪葬用的俑，当然要显得高大挺拔了。

所以，唐人"以胖为美"，就证明那时候胖子多吗？恐怕恰恰相反。唐人的经济水平再高，营养水平再高，也比不上今天。正是因为胖子少，它才是美的象征。美永远是稀罕的，常见的东西不叫美。恰恰是因为胖子少，人们认为胖代表富贵，认为女性胖了对生孩子有利，这才有了以胖为美的说法。而且所谓的"以胖为美"，恐怕跟宗教也有很大的关联。

瑞典国家人种学博物馆收藏了一幅唐代女性的画像，是唐代吐鲁番一个女子的自画像。女子的姐姐要出嫁，她担心姐姐思念她，于是画了一张自画像，相当于现在拍了一张自拍送给了姐姐，意思是姐姐你在远方思念我的时候，就可以看一下这个画像。请大家注意，唐朝女孩子都是这个形象，不管身上胖与不胖，都有一个现在女孩子特别忌讳的现象，就是多层下巴，而且一般是三层。这是受到了佛教信仰的影响，而不见得这个女孩子真的就是三层下巴。那个年代人们以三层下巴为荣，因为这叫"颈项三褶"，在佛教中又叫作"三无碍"。唐代所有的菩萨像、佛像，脖子上都是三褶。而这种现象已经影响到了世俗绘画，画师绘制人物时往往模仿佛教造像，出现了三层下巴这样的假象。再加上中国古代传统审美都认为圆脸是美，所以我们可以想见，圆脸，再配上三层下巴，胖子的"指控"就坐实了。所以，造成"以胖为美"的原因是多样的，也不是说唐朝三百年都是如此。

下面我们说一下唐朝有哪些主要的纹饰。唐朝的纹饰体现在唐人的服装、绘画上。比如说联珠纹、缠枝纹、宝相花纹、团窠纹、几何纹、鸾鸟纹、葡萄纹、唐草纹等，非常多。我们挑一些主要的看一下。

唐草纹（见图4）又叫穿枝纹，是波状、线结构，把花、草、藤蔓组合成一个纵向的、波状的、互相缠绕的花纹。这个纹饰不仅在唐代，一直到明清时期都还很盛行。

唐人很喜欢画鸾鸟，还喜欢画孔雀、大雁、鹦鹉这些飞禽，它们的嘴里含着瑞草，有的做站立状，有的做飞翔状，这叫作鸟衔花草纹（见图5）。

还有几何图纹（见图6），比如说龟甲纹、双距纹、方棋纹、双胜纹以及如意纹等。几何纹饰在唐代装饰当中也是常见的。

还有葡萄纹（见图7），葡萄纹与唐人的生殖崇拜联系在一起，因为葡萄象征着"多子多福"，所以唐人很喜欢葡萄纹，家具、服装乃至铜镜上都常见葡萄纹。

宝相花纹（见图8）是受到了佛教的影响，自然界当中没有宝相花。什么叫宝相花？只要是对称的花瓣图案，都可以称之为宝相花。唐代宝相花的蓝本主要是牡丹和莲花，花瓣盛开，而且对角线要对称。

我们下面再来看鸳鸯的问题。中国古人很欣赏鸳鸯，认为它们是一夫一妻、矢志不渝的象征，爱得坚定，爱得坚强。但是话说回来，鸳鸯在中国历史上有过被"狸猫换太子"的经历。宋朝以前说的鸳鸯，和宋朝以后说的鸳鸯，根本就不是同一个物种。

唐代所说的鸳鸯，其实是赤麻鸭。而今天我们所说的鸳鸯，在唐代叫鸂鶒。这两种鸟乍看起来好像有点像，但唐代鸂鶒的脑后有一撮毛，尤其是雄性鸂鶒。

《博物杂志》曾经讲过，鸂鶒和鸳鸯由于在外形和颜色上有点相近，在历史上就被搞混过，尤其是在唐代的时候，人们曾经把鸂鶒叫作"紫鸳鸯"。到了后来，人们逐渐就把这个"紫"字去掉了，于是紫鸳鸯鸠占鹊巢，正式取代了原来的鸳鸯，变成了鸳鸯的代表。在北宋时期《营造法式》画的图中，鸂鶒和鸳鸯就已经颠倒过来了，变成了我们今天熟悉的样子。

所以说，在历史上，宋朝以前所说的鸳鸯，实际上应该是赤麻鸭，而唐代则有鸂鶒、鸳鸯两种纹饰。在日本正仓院藏的双陆棋具上也有鸳鸯的图案，但是这个鸳鸯画的是赤麻鸭。

有一些镜子上也有鸳鸯的纹样。唐朝女子的镜子很有意思，有一种便携的，带个把儿，叫作"錋鑑"。"鉴""鑑"本来就是镜子的别称，"錋"等同于"柯"，就是把儿的意思。带把儿的镜子在唐代很常见，它最大的好处就是便携。

还有镜架，镜架是在家居生活中用的，放在台子上，上面是半月形，里边带沟槽，铜镜可以放在里头，也可以提出来。《女史箴图》里边的镜架与出土的咸阳宫的镜架形制就很类似，都是半月形的，可以托在镜子的下沿。

下面我们再看看琳琅满目的唐朝家具。唐朝正处在中国家具的一个转型阶段。转什么型呢？由低姿家具向高姿家具转型。在先秦，中国人都是席地而坐的。东汉时期，从西域丝绸之路传入了高姿家具，但是高姿家具传进来之后的几百年，中国还是处于低姿家具与高姿家具混用的状态。

比方说床，有的看起来像睡觉用的床，有的看起来像我们说的榻，还有的看起来就像椅子，但是在东汉到唐代的这个阶段内，这种能够坐或者卧的载具都被称为床。那就有人要问了，"床前明月光，疑是地上霜"这首诗里边说的床，究竟指的是哪种呢？

从诗人举头就能望明月的角度上来看，他说的应该不是睡觉用的床，因为睡觉用的床一般是摆在卧室里边的。诗人当时应该是搬了把椅子坐在院子里边，这个时候月光洒下来，"床前明月光，疑是地上霜。举头望明月，低头思故乡"。如果把床解释为椅子，这一套动作是一气呵成的，很流畅。

前面说过，唐朝正处于低姿家具向高姿家具转型的阶段。我们从唐代的壁画当中可以发现，唐人坐椅子也不是像我们现在坐椅子这样双腿垂坐，而是盘腿坐在上面。换句话说，人们就是由席地而坐挪到了椅子上面，到了五代以后才逐渐把腿放下来，成了垂腿而坐。

日本圣武天皇生前的书房里能够看到屏风、围棋局，还有双陆棋具，就是棋盘。另外，我们还能够看到书几。书几就是看书用的，乍看起来有点像现在乐团里边用的琴谱架子，那它是如何使用的呢？

要讲明白这个问题，我们就要看一看唐代书籍的装帧方式了。唐代的书籍，装帧方式是卷轴装。当然了，唐代书籍的装帧方式不止这一种，但卷轴装是主体。唐代书籍的装帧主要是卷轴文书，但卷轴文书有个问题，就是要找到想看的那个部分，得先把卷轴展开，展得很长才能找到，但这样把卷轴铺一地非常不方便。书几有个特点，它的两头都有圆环，把卷轴的一头卡在左边，另外一头放在右边，看的时候卷动着看，这样占地面积不大，手也不累。

除了卷轴装之外，唐代还有旋风装，就是用一张长纸做底纸，然后把书分成一页一页，每一页都裱在底纸之上，这样还是可以卷起来，远看还是一个大卷轴。但是摊开之后有个好处，就是能快速找到自己要阅读的那一页。这种书页打开之后，就像旋风吹过一般，因此叫作旋风装。

除此之外还有蝴蝶装。蝴蝶装是唐末五代出现的，就是把印有文字的纸面朝里对折，以中缝为准，把所有的页码对齐之后，用糨糊把它裱糊在包背纸上。这种装帧的书打开之后，书页就像蝴蝶的翅膀一样对称分开，所以称之为蝴蝶装。

曾经热播的电视剧《武媚娘传奇》中武则天的定妆照里，她拿了一本蓝皮的线装书，这就穿帮了。线装书是明中期才出现的装帧方式，武则天再怎么也不可能看到线装书。因此当时我就提出这个不对，后来剧组看见了我的那条微博，除了一些已经拍好的镜头没有办法更替，就用卷轴取代了这些线装书。

既然提到书，我们就再看一下文房四宝。日本正仓院所藏圣武天皇用的笔墨和砚台，都是唐朝制式，因为圣武天皇生活的年代就是唐朝的开元、天宝时期。砚台做成了簸箕的形状，带坡面的，好处就是墨汁经过研磨之后，墨汁能往下走，有利于毛笔去蘸墨汁。毛笔还有笔帽，看起来很接近于现在的钢笔，而且这个笔帽是用黄金、象牙、檀香木制成的，极尽奢华。这里的墨叫"墨梃"，就是把墨做成柱状，好处是便于手持和研磨。在这个东西之前，中国人用的是墨粒，就是一颗颗的小墨丸，把墨粒扔到砚台里边，加上水，再拿个锤去碾它，这样不如干脆就把墨本身做成墨锭，更有利于碾动。

魏晋南北朝到隋唐人的书写姿势有个共同的特点：他们书写

时不是把纸平铺在案板之上，而是纸卷悬空，倾斜四十五度，甚至接近九十度这样来书写，跟我们习见的那种把纸平摊在桌子上的写法不同。为什么？这跟那个年代的纸密切相关。

早年间的纸很厚很硬，我们现在习见的宣纸在唐代还没有。而且那个年代的装裱形式都是卷轴，因此不用桌子也能够书写。所以，可以想象一下"李白斗酒诗百篇"的样子，李白一斗酒下去之后，把这纸啪一下拿在手里边，站在高楼之上笔走龙蛇，非常潇洒。

说到纸，不能不提到唐代著名的才女薛涛在成都发明的薛涛笺，这是专门写信用的。薛涛是大美女，又是大才女，她嫌当时市面上流行的写信用的纸笺过于粗糙，就自己发明了一种比较窄的、适合写信的信笺，里边掺有木芙蓉，就是把木芙蓉的汁液榨出来，掺到里边去做的纸浆，因此色彩斑斓，有淡淡的清香。薛涛笺一直到民国时期尚有使用。

说到审美，当然离不开服饰。下面我们主要说说首饰和化妆的问题。

唐代的首饰种类和现在是有区别的。我们今天很重视戒指、耳环，但是唐人并不重视。戒指非常少见，耳环更是往往只见于少数民族当中。中原的汉族基本上不戴耳环，因为戴耳环需要打耳洞，而中原有个讲究，叫"身体发肤，受之父母，不可毁伤"，所以打耳洞这种行为，恐怕中原民族很难接受。

也正由于这个缘故，我们目前发现的唐代耳环绝大多数出自少数民族地区，比方说我们前面介绍过的由靺鞨人建立的渤海国。在渤海国的墓葬当中就经常出土耳环、耳坠，但是同样的发现在中原极其少见，即便有，也往往因为墓主人的身份就是少数民族。

那么唐代女性喜欢用什么首饰？簪、钗、步摇，还有花钿、臂钏、镯子等，这些都是很常见的。比如说发簪，单股的叫簪，多股的叫钗，考古当中甚至还发现过三股乃至四股的钗，质地往往是金、银、铜、铁、玉石、象牙、竹木，甚至还有骨器。

在章怀太子墓和懿德太子墓的石椁上，出现了戴步摇的女子形象。有一种步摇钗，虽说是钗，但是它的外边还有一串挂着的装饰，叫步摇。步摇，就是走起来一步一摇。

五代时期敦煌莫高窟壁画六十一号窟曹氏女供养人画像上画的全是着盛装的上层社会的贵族女性，她们头上戴的就是钗和步摇，颈上挂着各种各样的项链，头上梳着回鹘髻。回鹘髻也是一种高发髻，但是是桃形的、圆的。

经常有人问我，唐代女性头发长得真好，壁画、雕塑当中的那些女性往往都有一个很大的发髻，得有多少发量才能够搞出这样的发髻？其实古人和现代人一样，发量也是有多有少的。上层社会女性的头上有那么大的发髻，那是因为她们经常戴义髻，也就是假发髻。

有些假发髻是用鬃毛缠在麻布之上制作的。而唐代真正特别讲究的、高等级的假发髻，是用人发来做的。当年的新罗给唐朝宫廷进贡的物品当中，就经常包括人发。有人曾经问，当时中国从朝鲜半岛进口那么多人发是干什么用的？是药用的吗？当然，人发在中医当中也曾经被用作药物，但更多是用来做假发髻的，因为上层社会对这个有需求。

唐代的女性经常用梳子和篦，合称为"栉"。梳子和篦之间有什么区别？梳子往往齿的数量少一些，比较疏松，而篦的齿又细又多。这就是梳和篦的区别，半月形的是梳，齿更加密集的叫篦，而这种梳和篦在唐代有竹木做的，也有用金银、象牙这些东西做的。这二者各有功效。梳子是整理发型用的，篦也能整理发型，但还有另外一个功效。在那个年代，很多人的卫生习惯不那么好，尤其是古代女性的大发髻，一旦弄成了之后，解开再编非常困难，再加上洗澡又比较少，就会头皮发痒，发垢多，甚至还有寄生虫。篦可以梳理头发，或者插进去止痒，这是它的一个比较特别的用处。

有一些出土的金栉只剩梳背。刚才说过，栉是梳和篦的合称，应该还带齿，那为什么只剩下梳背，齿去哪儿了？因为这个梳背是用黄金做的，而齿极有可能是竹木的，出土的时候，竹木朽坏了，只剩下了一个金的梳背。金栉怎么用呢？唐朝女性头上插的东西一共有三件，一个居中，两个靠下，分在两边，等于是把这种实用工具变成了一种发髻的装饰。

另外，钗还可以作为爱情的信物。《长恨歌》里边说："惟将旧物表深情，钿合金钗寄将去。钗留一股合一扇，钗擘黄金合分钿。"什么意思？就是金钗留一股，钿盒留一扇，金钗把它剖开，钿盒也把它剖开，咱俩一人一半，只要咱俩的心像金一样坚固，那么未来不管是天上还是人间，我们总有机会相见。

在唐代的首饰当中，金银器非常常见，当然这是指上层社会。这里顺便说一句，我们现在有很多年轻人爱穿汉服，其实现在的汉服主要模仿的都是古代上层社会的形象，不论男女。在真正底层的民间，很多人食不果腹，衣不蔽体。所以，恢复传统文化，穿汉服，我举双手赞成，但是我们心里头时刻要牢记，这不是古人服饰的全貌。

金银这种东西，别说那个年代，搁到现在也仍然是贵金属，所以古代的金银主要出现在贵族的墓葬当中。还有一种经常以金银材质出现的首饰——臂钏。

臂钏是什么？臂钏跟手镯一样是环状的，但是戴的部位不一样，手镯是戴在手腕上的，臂钏是套在胳膊上的。臂钏一般不是日常穿着用的，主要用于歌女、舞女演出服的一部分。

《明皇杂录》记载，安史之乱后，晚年的唐玄宗回到了长安，睹物而思人，很思念杨贵妃。他去华清宫的时候，有一个叫谢阿蛮的舞女，给他表演《凌波曲》。当年，在安史之乱前，谢阿蛮就曾经入宫给皇帝和贵妃表演过《凌波曲》，现在再次入宫表演。表演完后，谢阿蛮从胳膊上摘下一只臂环，把它拿给已经成了太上皇的唐玄宗看，说这就是当年她入宫表演的时候，贵妃赐给她的臂环。唐玄宗拿着臂环痛哭流涕。这是一个非常悲情的故事，这里说的臂环应该就是臂钏。

还有花钿。唐朝女性很喜欢花钿，花钿就是贴在额头或者脸蛋上用的，主要是用在额头。关于花钿的起源有一个传说，说上官婉儿是花钿的发明者，这是怎么回事呢？上官婉儿虽然是唐高宗的妃子，但是高宗早就已经病入膏肓，两人只是形式上的夫妻而已，没什么正常的感情生活。上官婉儿给武则天当秘书，有一次武则天与一个宰相议事，这位宰相长得一表人才，婉儿看得心动了，忘了继续记录，武则天看在眼里，不动声色。等到宰相走了以后，武则天勃然大怒，拿起一把甲刀，就是修指甲用的小刀，一把丢过去，正好扎在上官婉儿两眉之间，留下了一个永久性的疤痕。为了遮丑，上官婉儿就在这儿贴了一个亮片作为装饰。于是，后世就说上官婉儿是花钿的发明者。但其实不是的。

中国古代就是有这个特点，喜欢把某样东西的发明权归结到某个名人的头上去。

至少在三国东吴孙休的那个年代，就已经有关于花钿的记载了，所以花钿绝不是起自上官婉儿。花钿往往是用五色花纸、金银箔片、云母片做出来的。使用花钿时要用一种胶，叫作"呵胶"，极有可能是用某种鱼皮熬出来的。贴花钿的时候，就在花钿的背后点一点呵胶，然后就能够牢固地把花钿贴在额头上。卸下来也简单，让老公或者哪个丫鬟过来，在额头"哈"一口热气，花钿就揭下来了。

下面，我们看一下唐朝妇女化妆的程序。首先是洗面，把脸洗干净，跟现在是一样的。不过古代没有香皂，更没有洗面奶，用的是澡豆。澡豆其实就是一种豆粉，但里边加进了各种香料。下一步就是敷铅粉，涂脂。铅粉起到的作用是增白。现在的化妆品中是绝对不会用铅粉的，但是古人不懂。不只是铅粉，唐代调制口红的最主要原材料之一就是朱砂，也就是氧化汞。唐代的女性用口红时也讲究色号，那她们用的色号怎么调呢？颜色要淡一点，就加一点蜡，要调制大红色，就多加朱砂。现在的人都不敢把氧化汞涂在嘴唇上了，但是古人敢。所以说，人类的认识总是要进步的。

除了敷铅粉、涂脂之外，还要描眉、贴花钿、画斜红。斜红往往画在两边太阳穴上。新疆吐鲁番出土的一个唐代的女俑，额头贴着花钿，两边太阳穴有两个月牙形的东西，这就是斜红。她们还会在脸蛋上相当于酒窝的地方，点上两个小点，制造一个假酒窝，叫作"面靥"。搞完了这些之后，再在发髻上戴上各种首饰，这样一个上层社会女性化妆的步骤才算是完成了。所以，从古代到现在，女人出门都不容易，完成这一套怎么都得要几十分钟。

再来看一下唐代的化妆盒。唐代宗室女李倕墓里边出土的银平脱方盒，一个盒子里边装了四个银平脱小盒，上面有精美的花纹。至于里边放了些什么东西我们就不清楚了，想来无非口脂、澡豆，以及其他的一些化妆品。

河南偃师出土的唐代开元年间的李景由墓中，也有一个银平脱漆方盒，比前文那个还复杂。上下两层，底下一层放各种化妆品、镜子，上面一层则放了梳子等用具，看起来更具有便携性，可能是出门的时候带着的。那它为什么随葬了呢？极有可能是家属认为，人死了，就是去远方了，既然去远方，当然要带一个适合旅行用的化妆包，所以就出现了这样的一个盒子。

唐代还有一种化妆盒，让我颇有怀旧感。我是"70后"，在我们小时候，为了防止冬天皮肤被冻得皲裂，往往有人把凡士林油装在蚌壳盒里边出售。后来学了隋唐史，看了出土文物，我突然发现原来蚌壳盒的历史如此悠久，竟然在唐代就有了，而且有的是真的蚌壳，有的则是用黄金打造的、模仿的蚌壳。

现藏于观复博物馆的蚌壳镶金錾花凤鸟纹香盒，一边是真蚌壳，另外一边是黄金做的蚌壳，中间通过一个像弹簧链的铰链连接在一起，里边装上化妆品之后，可以扣起来，这个就是扣起来的场景。

唐代的化妆品发展，还有一个历史特点：在唐朝以前的魏晋南北朝，化妆非常单纯，就是在脸上涂抹各种各样饱和度很高的色块，包括白色也是惨白惨白的；但是到了唐代，化妆品已经跟医学紧密结合在一起了。唐人不仅讲究涂抹，还讲究调理，他们认为气血跟容貌有很大的关联，这个是有科学道理的。最美的、最好的化妆品是什么？是心情。人在心情愉悦、营养充足的情况之下，皮肤自然就看着光润，白里透红的，不用化妆，底子就很好，再薄施一点粉黛，就风华绝代了。

关于唐代的审美就谈到这里，介绍的目的，就是让大家有一个粗略的了解，希望引起大家对唐代文物的兴趣，帮助大家去寻找唐味儿。

| 第十四章 |

人才选拔：唐人的科举制与文学

科举不仅与唐人生活密切相关，也几乎贯穿了整个中国古代史的后半阶段，对中国历史的影响不言而喻。

法国大革命前夕，法国知识分子对中国的科举推崇备至，甚至掀起过对中国科举崇拜的浪潮。伏尔泰、孟德斯鸠等人都有关于中国科举的论述，在他们心目中，科举简直是世界上最完美的制度。其实在他们那个年代，中国的科举已经走向僵化的八股文时代，但他们要借中国的科举来说法国的事。当时新兴的资产阶级想从封建贵族那里要权力，所以他们对于那种给予所有人做官的资格和平等竞争的机会的制度，当然非常向往。

中国的科举起自隋唐时期。《新唐书·选举制》中说："唐制，取士之科，多因隋旧。"这话说得没问题，科举制度是起自隋代。但是隋朝科举还没有完全摆脱察举制，同时规模有限，录取的人数也有限，所以科举制度在隋朝还谈不上是重要的制度。科举制度在唐代取得了极大发展，并且深入社会生活的每一个角落，成了唐人进身之根本。

《刘宾客嘉话录》里边记载了这样的一个故事，当时有一个官员姓苗，他儿子叫苗缵。苗缵获得了推荐资格，作为乡贡，可以去参加科举了。但就在这时，他父亲中风瘫痪，连话都说不出来了。苗缵因此陷入了两难的境地，一方面，这个参加科举的推荐资格很难得；另一方面，唐人是最重孝道的，如果把重病的父亲放在家里，自己去参加科举，一定会受到社会舆论的抨击。病榻之上的父亲看出了儿子的犹豫，他要来了纸笔，在纸上连续书写了两个"入"字，意思是"不要管我，赶紧去考试"。病重的父亲甘愿违背社会舆论，也要让儿子去赶考，可见科举有多么巨大的诱惑力。

科举对于唐人，尤其对于知识分子来说，是安家立命之根本。《唐摭言》中有："殊不知三百年来科甲之设，草泽望之起家，簪绂望之继世。孤寒失之，其族馁矣。世禄失之，其族绝矣。"也就是说，在唐代，尤其是唐朝中后期，科举对于普通草民来说，是改变命运的机会，对于名门望族来说，是维持家族门第的根本。草民如果不能中第，就会一家饥寒。名门望族不能中第，就会家道中落。科举的影响力就是这么巨大。

唐代的科举种类繁多，其中最有名的是进士科。《新唐书·选举志》中说，来参加科举的人有两种身份：一种是国子监、太学中来参加科举的学生，叫"生徒"；另一种是由地方州县举荐到中央来参加科举的考生，叫"乡贡"。至于科目，有秀才、明经、俊士、明法、明字、明算等。《新唐书·选举志》的这段论述，历来被历史学家所批评，因为它说得很混乱，把不同时代、不同制度杂糅在了一起。不过，我们仍然能梳理出一个大概的脉络。

唐代的科举考生有两个来源。一是由京师及州县的学馆送到尚书省参加考试的考生，这种叫"生徒"。二是先参加地方州县的选拔，及第之后再送到尚书省来参加考试的考生，这种叫"乡贡"。一般来讲，我们把乡贡入京的考生称为"举人"，把州县考试称为"解试"，把尚书省的考试称为"省试"或者"礼部试"（科举原本是吏部主管，后来改为礼部主管）。由于尚书省礼部试往往在春天举行，所以又被称为"春闱"。

常贡之科，也就是常年设置的考试科目，主要有秀才、进士、明经、明法、明书、明算六种。唐代跟明清不一样，唐代的"秀才"是最高等级，而且在唐前期，秀才科就已经名存实亡了。因为考上秀才的难度极大，每年的考试都不见得能够录取到人，所以宁缺毋滥，到了后来干脆不设了。在唐代的史料中，如果看到有人称某人为"秀才"的话，请相信他不是真的考中过秀才，而是人们用"秀才"来恭维他。

事实上，最高的等级就是进士，进士之下是明经。至于明法、明书、明算，都是为了满足对技术性人才的需求而设立的。进士和明经才是选拔官员的主要办法，其余的即便当了官，也都属于技术性的官员，升不高的。真正想要当大官，还是得考明经和进士。

明经和进士的考试内容，最开始都是试策。后来，除了试策之外，进士还重诗词歌赋，明经则重帖经和墨义。"帖经"就是填空题，遮住某页儒家经典中的几个字，让考生填写出来。"墨义"是对经文的字句做简单的笔试。唐人重视进士而不重视明经，因为他们认为明经考起来比较容易，只要能把书背熟，就能考得过去；而进士还要考时政和诗词歌赋，内容更复杂，当然也就需要更高的智商。所以考进士很难，考明经相对容易。唐人有一句话："三十老明经，五十少进士。"就是说，如果一个人三十岁考中明经，大家会说"怎么都三十岁了才考中一个明经"，而如果一个人五十岁考中进士，大家会说"才五十岁就考中进士了，真是少年才俊"。当然，这话有点夸张，其实大多数考中进士的唐人都还是在四十岁以下的。

除了帖经和实务策之外，进士科还要考杂文。杂文就是诗词歌赋，这是武则天增加的项目。此外，她还改革了考试程序，增加了殿试环节。殿试，就是皇帝在大殿上亲自主持考试。武则天心思细密，她这个举措很高明。

在中国传统的伦理关系当中，最亲近的关系除了亲子，就是师生。正所谓"一日为师，终身为父"，如果天子亲自主持过殿试，那么他与考生就不再是冷冰冰的君臣关系，而是温情脉脉的师生关系，所以科举上来的这些进士对外自称为"天子门生"。这是有效笼络人心的手段，所以殿试制度自武则天创立后一直被历朝历代沿用，直到清末科举考试制度被废除才取消。

再来说说科举考试的程序。假设你是个唐代州县送到长安来的乡贡生，来到长安之后，首先需要到礼部递交"家状"。家状，就是简历和家庭情况说明。唐朝法律规定，犯罪者的家属，或者是商人的子弟，不得参加科举。之所以李白名声那么大，却终其一生没参加过科举，就是因为他没有那个资格，过不了政审这一关。此外，还要交给礼部"文解"，也就是各州出具的举荐文书。

离开礼部后，要去四方馆。四方馆是主管乡贡生在长安吃喝拉撒这些事的。四方馆在大明宫含元殿召集天下的贡生们，然后慰问、点名。每年科举时，考生们在长安集结都是在冬季，他们随着地方长官进入长安，在这里跨年。尤其让考生们激动的是，到了正月元日这一天，他们还会在大殿上受到皇帝的接见。因为不是所有人都能考上，有的人一辈子可能也就这个时候能够一睹龙颜。被皇帝接见完了之后，考生们还要去文庙，拜谒孔子像。

考试允许带工具书，但只能带韵书，比如《切韵》《唐韵》，其他书严禁携带。为了防止作弊，考生进入考场前要搜身。此外，考场周围和试题库周边都遍种荆棘，起到的就是现在铁丝网的作用。

当然，也有打破陈规的时候。比如唐肃宗时期，礼部侍郎李揆主持了一次科举考试。他认为"限制考生拿书进考场"这个做法，与国家求贤的意图相悖。要考的应该是真实的才华，没必要把科举考试变成记忆力的比拼。所以，他把五经、诸史、《切韵》全摆在考场上，然后对考生们说："大国选士，但务得才，经籍在此，请恣寻检。"让考生们需要什么书随便拿，这就相当于开卷考试了。

但这次开卷考试是有特殊历史背景的。安史之乱后，唐肃宗刚在灵武继位，此时的唐肃宗是真正的"孤家寡人"，跟着他跑到灵武的文武大臣加起来一共才三十多个，禁卫军总共才千余人。要不是郭子仪和李光弼的朔方军来支持他，唐肃宗这个皇帝可以说是"当了个寂寞"，手下三十来个大臣，千余名禁卫军，这哪是皇帝，这是县长。所以唐肃宗那时求贤若渴，敞开了考试，录取率可能也比往常要高得多。

唐朝科举还有个特点——不"糊名"，也就是判卷的时候名字这一栏不密封，判卷人能直接看见考生的名字。所以考生在考试前的名气，对于能否考上会起到至关重要的作用。这也就带来了唐朝考场的一个文化现象——"行卷"。考生在考前为了塑造自己的美名，往往把自己得意的诗词歌赋编成文集，送到那些有可能担任考官的官员家里去。不仅如此，他们在考前还要再送一次，这叫"温卷"，意思是帮考官温习一下，加深印象。文学才华对于唐朝的科举考生有着重要的影响，因此唐朝的文学因为科举考试而日加兴盛。

不过，不糊名的制度也给那些上下其手的人留下了做手脚的空间。考官拥有很大的权力，如果受贿，或者对某个人存在好恶，都会直接决定考试的结果。所以在唐朝的科举考试过程中，舞弊现象始终存在，而且一次又一次引发了政坛地震。

虽然如此，但科举仍然有它的积极意义，因为有背景的人永远是少数，大多数考生要想获得青睐，还是要靠才华，所以才华还是第一位的。

有的人认为自己明明才高八斗，最后却还要通过走关系才考中，心里就很不是滋味。李商隐就是个典型。李商隐的老师是令狐楚，令狐绹是令狐楚的儿子，所以令狐绹和李商隐之间关系很好。李商隐多次参加考试，每次都雄心万丈，但是每次都名落孙山。李商隐心气很高，觉得自己是个不世出的大才子，但接连的失败让他伤透了心，于是准备"躺平"了。之前的每次考试，他都小心翼翼地准备，只有最后这次最不用心。但他没想到，这最不用心的一次居然考上了。

李商隐本来应该高兴，但他听说了一件事。这次考试的主考官姓夏，与令狐绹关系很好。这个姓夏的考官在考试之前见到了令狐绹，跟他打招呼，顺口问了一句："八郎之交谁最善？"意思就是问他跟谁关系好。令狐绹说："李商隐者。"然后"三道而退"，说了三遍。两个人的对话，没有一句涉及即将举行的考试，但是默契就这么达成了。后来主考官阅卷的时候，大笔一挥，李商隐就考上了。李商隐把这件事记录下来，是因为他心里不是滋味。他本来精心准备，想要用才华考上进士，最后却偏偏靠的是私人关系，可见那时"请托"之风有多么严重。

如果考中进士，按《通典》的说法，"旬日之间"，也就是十天之内，美名就可以传遍天下。在那个没有微信、微博的年代，消息能传得这么快、这么广，可见大家都愿意传颂进士们的美名。考上之后还有一系列光宗耀祖的行为，比如"叙同年"，只要是在这一年考上了同科的同榜进士，不管年龄差有多大，哪怕是相差一代人，都叫"同年"。还有"拜座师"，座师就是主考官。从被录取的这一刻开始，学生这一辈子，与录取他的座师关系都不一般。因此唐朝政坛上，曾多次出现座师与学生之间在政治上结盟的现象。

还有"曲江宴饮"。曲江池是长安城东南方向的一个湖，新科进士们要到湖上去举办宴会。"曲江宴饮"前还有一个重要环节——"雁塔题名"。雁塔，唐代叫"慈恩寺塔"，只有进士才有资格在慈恩寺塔留下自己的名字，因此"雁塔题名"就相当于我们后世所说的"金榜题名"。举办宴饮的时候万人空巷，因为天下的人都仰慕进士们的风采，都赶过来围观。不仅是老百姓，连唐宣宗贵为皇帝，也对进士们羡慕得不得了，甚至自己在大殿的柱子上书写"乡贡进士李某"，可见进士们的名声有多么令人羡慕。

在围观进士们的人群里，还有些有身份的妙龄女子在这里给自己瞧夫婿。事实上，从唐到宋都有这样的现象，每次进士们举行活动的时候，达官贵人家就到这里来给自己挑女婿。到了宋代，甚至产生了一个词，叫"榜下捉婿"。科举发榜的时候，考生都聚在榜下，看上面有没有自己的名字。一旦看到自己的名字，喊一句"我中了"，就会哗一下上来几拨人抢他。这都是达官贵人家派来的人，要把新科进士抢回去当女婿，如果不抢，就要被别人抢走了。在古代，可以说一旦考中进士，就是人生赢家，未来将是一片坦途。而考不上的那些人，当然心里就酸得不得了了。

唐朝末年有一个叫温定的家伙，是个"老愤青"。他考了一辈子科举，从来没考上过，心里很不服气，于是就喜欢捉弄这帮新科进士。有一年曲江宴饮，进士们一个个喝得酒酣耳热，突然看到围观的人群中走出了一大堆衣着华丽的侍女，簇拥着一顶外观华丽的轿子。这些进士本来就年少轻狂，再加上酒精的刺激，想着一定是大家闺秀来选女婿了，于是命令船夫把船靠岸，靠近那顶轿子，用语言去挑逗轿子当中的大家闺秀。等他们挑逗得差不多了，轿子里的人开始出招了。只见那人将轿帘掀开了一角，伸出了一条腿，然后用手把裙子往起一撩，露出了一条又粗又黑、长满了长毛的黑腿，史书记载说是"胫极伟而长毳"。进士们一看，一个个掩面而走，而且互相说"肯定是温定"。他们都能猜得出是温定干的，轿子里也确实是温定，这家伙就是要捉弄这帮新科进士。这是有关于科举文化的一个趣闻。

科举制度对唐朝的历史产生了重要的作用。第一，科举制度在中国的政治史上意义巨大，因为它打破了汉魏以来"察举制"的弊端，尤其是摒弃了臭名昭著的"九品中正制"，第一次给了全体人民以平等竞争的希望。虽然从某种程度上来说，这是"名义上的平等"，但是总比原先的制度有进步，这给中国的社会阶层流动提供了一个窗口，提供了一种可能性。一个社会，如果阶层升降的通道被遏制了，阶级固化了，那么这个时代就危险了。必须保持这种流动性，人民才有动力，人民才有希望。科举就给了人民这种希望。

第二，隋唐正处在由中国的贵族政治时代向官僚政治时代过渡的阶段，而科举有利于打破贵族对政治权力的垄断，社会不再是"九品中正制"时期"上品无寒门，下品无势族"的景象了。所以，它培养出来的官就不是贵族官员，而是官僚。贵族相当于公司的股东，是有发言权的，对皇权是一种掣肘，而官僚是公司里纯拿工资的员工。对于作为最高领导人的皇帝来说，官僚当然更听命于他，有利于皇权的巩固。

第三，唐朝文学的形成与科举考试密切相关，尤其是武则天贡献巨大。武则天在进士科加试杂文，"行卷""温卷"也要靠文学，因此唐朝的知识分子把极大的精力投入了诗词歌赋的创作当中去。当全社会的人都把精力投入到这个领域的创作中，这个领域自然就兴盛起来了。因此我们现在说起中国古代文学，一说就是"唐诗宋词"，唐诗的兴盛跟科举的关系十分密切。我们耳熟能详的唐朝大诗人，基本上都是武则天以后的，比如李白、杜甫、王维、白居易、元稹、李贺、韩愈、柳宗元、刘禹锡等。如果问到武则天之前的著名的诗人，如果不是专门搞文学史的，一般人只能回答出个"初唐四杰"来。为什么武则天时期变成了一个分界线？武则天之后的杰出诗人为什么井喷式出现？因为科举是风向标。科举重视文学，社会上肯定就会重视文学。

科举对于唐朝社会生活的影响是全方位的。而科举制的确立以及主导地位的奠定，对中国的历史来说影响深远。唐朝以后的一千年中，科举都在大行其道，直到清末被近现代的学校教育取代。而在此之前，科举可以说是中国人，尤其是中国知识分子生活当中的重中之重。

激发个人成长

多年以来，千千万万有经验的读者，都会定期查看熊猫君家的最新书目，挑选满足自己成长需求的新书。

读客图书以"激发个人成长"为使命，在以下三个方面为您精选优质图书：

1. 精神成长

熊猫君家精彩绝伦的小说文库和人文类图书，帮助你成为永远充满梦想、勇气和爱的人！

2. 知识结构成长

熊猫君家的历史类、社科类图书，帮助你了解从宇宙诞生、文明演变直至今日世界之形成的方方面面。

3. 工作技能成长

熊猫君家的经管类、家教类图书，指引你更好地工作、更有效率地生活，减少人生中的烦恼。

每一本读客图书都轻松好读，精彩绝伦，充满无穷阅读乐趣！

认准读客熊猫

读客所有图书，在书脊、腰封、封底和前后勒口都有"**读客熊猫**"标志。

两步帮你快速找到读客图书

1. 找读客熊猫

2. 找黑白格子